ARKANA

W0411706

MICHAEL ROSCHER

Die Widder Persönlichkeit

Charakter, Schicksal und Chancen.
Mit Mondpositionen
und Aszendentenbestimmung

ARKANA
GOLDMANN

Umwelthinweis:
Alle bedruckten Materialien dieses Taschenbuches
sind chlorfrei und umweltschonend.

Originalausgabe Januar 1999
© 1999 Wilhelm Goldmann Verlag, München
in der Verlagsgruppe Random House GmbH
Umschlaggestaltung: Design Team München
Umschlagabbildung: AKG, Berlin
Verlagsnummer 21504
Realisation und Gesamtbetreuung:
Christine Proske, Ariadne Buchkonzeption, München
Redaktion: Ralf Lay
Grafik: D.T.P. Factory, Susanne Bertenbreiter, München
Herstellung: H+G Lidl, München
Satz: Fotosatz Völkl, Puchheim
Druck: Elsnerdruck, Berlin
Made in Germany
ISBN 3-442-21504-8
www.goldmann-verlag.de
2. Auflage

Inhalt

ANHANG

Vorwort

Bücher zu den »Stern«- oder Tierkreiszeichen gibt es scheinbar wie Sand am Meer. Welchen Sinn macht es da, erneut darüber zu schreiben; ist nicht alles schon Dutzende Male geschrieben worden, was es zu diesem Thema mitzuteilen gibt? Ich glaube, nicht. Denn wer sich ein wenig näher mit dem Thema Astrologie beschäftigt hat, kann zwei sehr unterschiedliche Bereiche ausmachen: Astrologie als Unterhaltung und Zeitvertreib, wie wir sie zum Beispiel auf Zuckerstückchenpapier und auf der Horoskopseite nahezu jeder Illustrierten finden, und die ernsthafte Astrologie, deren Studium viele Jahre beansprucht. Auch wenn die Astrologie einmal die Königin der Wissenschaften war, die an jeder renommierten Universität gelehrt wurde, so wird sie doch heute von den meisten mit der Unterhaltungsastrologie verwechselt; und nur die wenigsten wissen, wie umfangreich, komplex und faszinierend die »richtige« Astrologie ist.

Diese Buchreihe versucht einen dritten Weg zu gehen, indem die ernsthafte und die Unterhaltungsastrologie zusammengeführt werden. Das, was sich mit den Methoden anspruchsvoller Astrologie über die Tierkreiszeichen sagen läßt, habe ich in diesen Bändchen darzustellen versucht. Gerade weil auch die Mondzeichen und die Bedeutungen der Geburtstage mit einbezogen wurden, konnten Aussagen gemacht werden, die sicherlich um einiges genauer und zutreffender sind, als dies in einem »normalen« Buch über Tierkreiszeichen möglich wäre. Gleichzeitig sollte jedoch auch der unterhaltende Aspekt nicht zu kurz kommen, schließlich lähmt kaum etwas mehr das Interesse und die Neugier als trockener Lesestoff. Das Ziel war eine Lektüre, die seriöses astrologisches Wissen über uns selbst, über unsere Stärken und Schwächen vermittelt. Das Lesen sollte Spaß machen, und die Aussagen sollten so treffend sein, wie es in diesem Rahmen eben möglich ist. Wer auf den Geschmack kommt und noch mehr über sich und sein Horoskop erfahren möchte, findet zu diesem Thema Tips und Hinweise am Ende des Buches.

Ich möchte mich an dieser Stelle bei meiner Lebensgefährtin, der Astrologin und Buchautorin Brigitte Hamann, bedanken, die einen wesentlichen Anteil am Zustandekommen dieser Reihe hatte. Sie hat die Illustrationen und Zitate ausgesucht sowie die Märchen ausgewählt, bearbeitet und kommentiert, und einige Abschnitte entstammen – in leicht überarbeiteter Form – ihrem Buch *Die zwölf Archetypen.*

Michael Roscher,
im Herbst 1998

Kontaktadresse des Autors:

Michael Roscher
Schule für Transpersonale Astrologie ®
Postfach 31 02 01
D-90202 Nürnberg

Einleitung: Wie die Gestirne unser Schicksal beeinflussen

Die Astrologie ist trotz aller Anfeindungen ein fester Bestandteil unserer Kultur, unseres Fühlens und Denkens geblieben. Das Interesse an diesem seit Jahrtausenden genährten Wissensschatz nimmt sogar immer mehr zu. Es hofft zum Beispiel jeder, »unter einem guten Stern geboren zu sein«, unabhängig davon, ob wir an Astrologie glauben oder nicht. Und so wird das Geburtsdatum eines Menschen nach wie vor mit dem Sternsymbol * dargestellt.

Wochentage

Die sieben Wochentage und ihre Namen werden von den sieben »klassischen« Planeten unseres Sonnensystems abgeleitet: der Sonntag von der Sonne, der Montag vom Mond, der Dienstag vom germanischen Kriegsgott Tiu (Týr), der dem Mars entspricht. Der Mittwoch heißt im Französischen *Mercredi,* also »Merkurtag«. Der Donnerstag (im Englischen *Thursday*) geht auf den germanischen Gott Thor zurück, der wiederum mit Jupiter vergleichbar ist. Der Freitag leitet sich von der Göttin Freyja ab, der germanischen Entsprechung der Venus. Der Samstag, mit dem die Woche vollendet wird, ist dem Saturn zugeordnet.

Das Wort »Desaster« (Unglück) kommt vom italienischen *disastro,* was »Unstern« bedeutet. Jemand, der einen starken Mars hat, wirkt auf andere martialisch, das heißt »kriegerisch, bedrohlich«; im Englischen nennt man die Kampfkünste *martial arts.* Unsere Stimmun-

Die Planetensymbole

Sonne	Mond	Merkur	Venus	Mars
☉	☽	☿	♀	♂
Jupiter	Saturn	Uranus	Neptun	Pluto
♃	♄	⛢	♆	♇

gen werden durch den Mond beeinflußt, was sich sprachlich in dem Wort »Laune« (lateinisch *luna* = »Mond«) widerspiegelt. Und wie der Mond sein Aussehen beständig verändert, so wechseln auch unsere Gefühle.

Es ließen sich noch viele Beispiele aufführen, doch soll dies hier genügen, um zu zeigen, wie sehr uns die Astrologie in Fleisch und Blut übergegangen ist, ohne daß uns dies normalerweise bewußt wird.

Charakteranlagen und Schicksal

Daß sich über die Planetenstände bei der Geburt Charakteranlagen, Schicksal und Chancen ermitteln lassen, ist längst bewiesen, auch wenn die Gegner der Astrologie dies nicht wahrhaben wollen.

Früher meinte man, von den Gestirnen gingen Strahlungen aus, die uns im Augenblick der Geburt lebenslang prägen. Manche Forscher versuchen immer noch, die Stimmigkeit der Astrologie auf diese Weise zu erklären. Der Ansatz ist sicherlich nicht völlig falsch. Allein der Mond verursacht mit seiner Anziehungskraft Ebbe und Flut und hat, wie man inzwischen weiß, auch einen deutlichen Einfluß auf das Wetter. Wenn der Mond die Weltmeere zu bewegen vermag, dann ist es auch einleuchtend, daß er den Menschen beeinflußt, dessen

Der chaldäische Stern

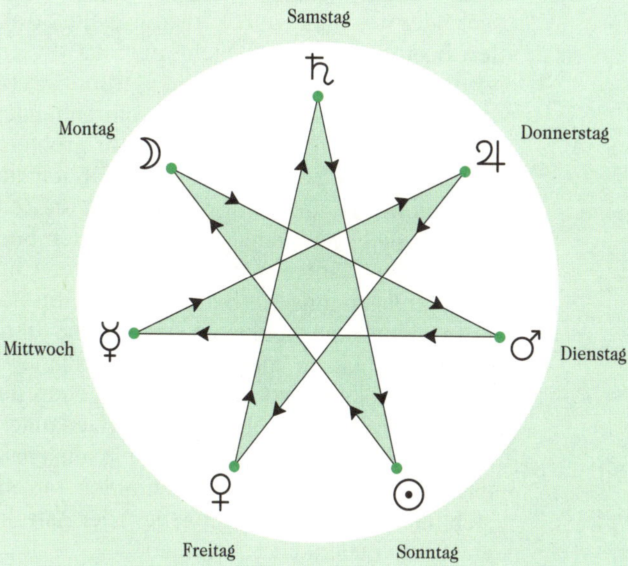

Die Darstellung der sieben klassischen Planeten als Tagesregenten kreisförmig in einem siebeneckigen Stern wird »chaldäischer Stern« genannt. Beginnt man beim Mond entgegen dem Uhrzeigersinn zu zählen, ergibt sich die Reihenfolge: *Mond, Merkur, Venus, Sonne, Mars, Jupiter, Saturn.* Dies gibt die Umlaufgeschwindigkeit der Himmelskörper um die Erde wieder. Der Mond bewegt sich, von der Erde aus gesehen, am schnellsten, der Saturn am langsamsten. Folgt man hingegen den Pfeilen des Sterns, entsteht die Reihenfolge: *Mond, Mars, Merkur, Jupiter, Venus, Saturn, Sonne,* was unseren Wochentagen entspricht.

Körper ja auch zum größten Teil aus Wasser besteht.

Die Astrologie funktioniert jedoch auch sicher bei der Ermittlung günstiger Daten für

Ermittlung günstiger Daten

Firmengründungen, Vertragsunterzeichnungen, Eheschließungen und dergleichen mehr. Hier fragt man sich dann in der Tat verwundert, wer oder was dabei durch irgendwelche Strahlen beeinflußt wird ... Nicht nur aus diesem Grund ist es besser, sich die Wirkungsweise der Astrologie wie die einer genau gehenden Uhr vorzustellen: Wir können an ihr problemlos die richtige Zeit ablesen, ohne daß jemand glauben würde, unsere Uhr beeinflusse die Zeit. Auf die gleiche Weise können wir in den Stellungen der Planeten Analogien unserer Charakteranlagen, unseres Schicksals und unserer Entwicklungsmöglichkeiten erkennen, ohne daran glauben zu müssen, daß die Planeten unser Schicksal *bestimmen* – sie *zeigen* es nur an. Dieser an sich völlig einfache Gedankengang wird selbst von führenden Wissenschaftlern offensichtlich nicht verstanden, so sie sich überhaupt die Mühe machen, der Astrologie Aufmerksamkeit zu widmen.

Keine Ersatzreligion

Ähnlich verhält es sich mit zahlreichen gläubigen Menschen, die fälschlicherweise annehmen, die Astrologie wäre eine »Ersatzreligion«, die uns ein unausweichliches Schicksal predige und an die Stelle des Gottesglaubens den an die Sterne setze. Nichts könnte falscher sein; denn ein vernünftiger Mensch wird die Psychologie nicht verdächtigen, Religion sein zu wollen, und Astrologie ist nichts anderes als das in Jahrtausenden gereifte psychologische Wissen der Menschheit – ein Erkenntnisprozeß, der begann, lange bevor es das Wort »Psychologie« überhaupt gab.

Einer der Grundlehrsätze der Astrologie lautet: »Der Weise beherrscht die Sterne.« Das heißt, die Astrologie strebt nicht an, dem Menschen ein angeblich unausweichliches Schicksal aufzudrängen, sondern sie will und kann echte Lebenshilfe sein, indem sie uns lehrt, uns selbst und unsere Mitmenschen besser zu verstehen.

Echte Lebenshilfe

Wenn wir beginnen, unser eigenes Wesen besser zu begreifen, werden natürlich auch Schwächen und der eine oder andere weniger erfreuliche Wesenszug sichtbar. Dies ist jedoch kein Grund, sich zu ärgern oder gar zu verzagen, sondern vielmehr die große Chance, das Beste aus unseren Möglichkeiten zu machen, die Schwierigkeiten, die wir mit uns und unseren Mitmenschen haben, zu meistern sowie dadurch zu wachsen.

Die Richtigkeit dieser Annahme wird uns indirekt auch bestätigt, wenn wir uns manche Menschen anschauen, die in ihrem Horoskop die umgekehrten Voraussetzungen aufweisen – sie sind besonders begabt, in ihrem Leben bieten sich außergewöhnliche Möglichkeiten, und sie machen dennoch nichts daraus. Das beste Horoskop nützt also wenig, wenn wir nicht unsere Fähigkeiten erkennen und uns um ihre Entwicklung bemühen: Die Welt ist voll von begnadeten musikalischen Talenten, die niemals die Ausdauer aufbrachten, ein Instrument richtig spielen zu lernen. Ein Künstler mit eher mäßiger Begabung und dem Willen, seine Möglichkeiten voll auszuschöpfen, kann dagegen bereits Außergewöhnliches erreichen, und der Erfolg ist schier unaufhaltbar, wenn die konsequente Entwicklung unserer Fähigkeiten mit einer besonderen Begabung zusammentreffen.

Wille zur Entwicklung

Dieses Buch möchte Sie dabei unterstützen, sich selbst und Ihre Mitmenschen besser zu verstehen. Wenn wir Verständnis füreinander in Handeln umsetzen, ist es nahezu unvermeidlich, daß wir erfolgreicher und effektiver werden, vor allem aber, daß wir ein zufriedeneres und erfüllteres Leben führen.

Die Tierkreiszeichen und das Horoskop

In der Umgangssprache hat sich der Begriff »Sternzeichen« eingebürgert, wenn eigentlich von Tierkreiszeichen die Rede ist. Es gibt die Sternbilder am Himmel und die Tierkreiszeichen; irgendwann einmal entstand der etwas unglückliche Begriff von den »Sternzeichen«.

»Sternzeichen«

Die Sternbilder, die sich auf der Sonnenbahn befinden und den gleichen Namen wie die Tierkreiszeichen tragen, haben mit letzteren jedoch überhaupt nichts zu tun. Ihre Position verändert sich jedes Jahr ein wenig, und so kommt es, daß die Sonne am 21. März (oder einem beliebigen anderen Datum) an einer völlig anderen Stelle aufgeht, als dies etwa vor 2000 Jahren der Fall war.

Diese Namensgleichheit hatte unglückliche Folgen, werden Sternbilder und Tierkreiszeichen doch heute noch von vielen miteinander verwechselt oder gar gleichgesetzt. Das führt sogar so weit, daß vor allem Astronomen, die gern gegen die Astrologie wettern, behaupten, die Astrologen würden ihre Horoskope falsch berechnen. Diese ständige Verwechslung zeigt unter anderem, wie wenig sich die Gegner der Astrologie mit dem Thema überhaupt beschäftigt haben.

Die meisten Menschen wissen, ob sie ein Stier, ein Krebs oder ein Fisch sind, jeder kennt sein »Sternzeichen«. Wie diese Zuordnung zustande kommt, wissen dagegen nur wenige; dabei ist es einfach, die Grundlagen der Astrologie

Stand der Sonne

Astrologisches Jahr

zu verstehen: Die Erde beschreibt im Laufe eines Jahres einen (näherungsweisen) Kreis um die Sonne. Von der Erde aus gesehen, ist diese auch »Ekliptik« genannte Umlaufbahn jedoch der Weg, den die Sonne innerhalb des Jahres scheinbar am Himmel zurücklegt; das heißt, die Sonne steht nach zirka 365 Tagen wieder an dem Himmelspunkt, von dem aus sie »ihre« Wanderung begann. Unterteilt man die Ekliptik in zwölf gleich große Abschnitte, ergibt sich die Aufgliederung des Tierkreises (Zodiakus) in zwölf Zeichen. Unser »Sternzeichen« ist nun nichts anderes als das Tierkreiszeichen, in dem die Sonne zum Zeitpunkt unserer Geburt stand. Wer beispielsweise ein Löwe ist, bei dem befand sich die Sonne im Zeichen des Löwen (120 bis 150 Grad im Tierkreis), als er zur Welt kam. Allerdings beginnt das astrologische Jahr nicht am 1. Januar, sondern am 21. März, exakt am Frühlingsanfang. Das astrologische Jahr ist übrigens mit dem astronomischen identisch.

Der Tierkreis beginnt mit dem Zeichen Widder, deshalb ist jeder, der zwischen dem 20./21. März und dem 19. bis 21. April geboren wurde, Widder. Auf den Widder folgt der Stier, daher dürfen sich alle, die zwischen dem 19. bis

Die Symbole der Tierkreiszeichen

Widder	Stier	Zwillinge	Krebs	Löwe	Jungfrau
♈	♉	♊	♋	♌	♍
Waage	**Skorpion**	**Schütze**	**Steinbock**	**Wassermann**	**Fische**
♎	♏	♐	♑	♒	♓

Sternbilder und Tierkreiszeichen

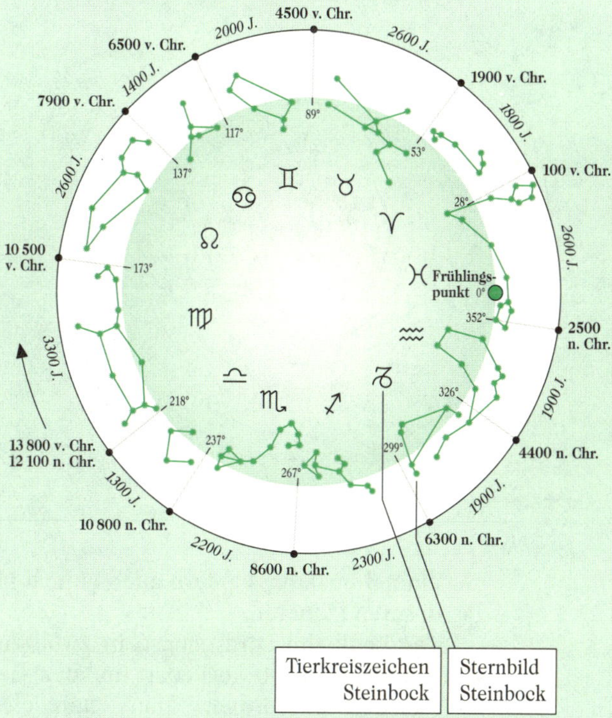

Im Außenkreis sind die *Sternbilder* dargestellt, im Innenkreis die *Tierkreiszeichen*. Außer der Namensgleichheit haben beide nichts miteinander zu tun.

21. April und dem 20. bis 22. Mai geboren wurden, »Stier« nennen – und so fort. Von der Erde aus gesehen, umkreist die Sonne aber nicht

Das geozentrische Weltbild

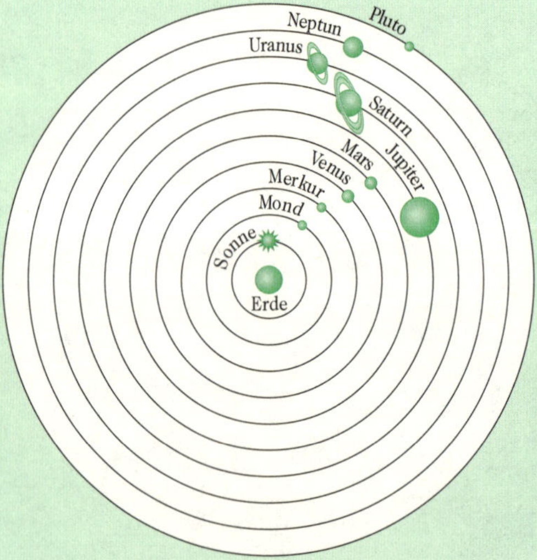

nur einmal im Jahr, sondern auch einmal pro Tag unseren Planeten.

Diese Laufbahn wird ebenso in zwölf verschiedene Abschnitte gegliedert und den Tierkreiszeichen zugeordnet. Man kann diese Vorgänge mit einer Uhr vergleichen. Die eine Umdrehung entspräche dann dem Minuten-, die andere dem Stundenzeiger.

Horoskoperstellung

Will man nun ein Horoskop erstellen, trägt man zunächst das Sonnen-Symbol an der Stelle im Horoskopformular ein, an der das Tierkreiszeichen steht, unter dem man geboren ist, zum Beispiel Waage (siehe Abbildung »Die Sonne in der Waage«).

Für ein Horoskop werden jedoch noch die übrigen Planeten unseres Sonnensystems gebraucht, zu denen in der Astrologie auch der Mond ☽ gehört (siehe die Abbildung »Beispiel für ein Horoskop mit allen Planeten« auf der nächsten Seite).

Mondzeichen

Ebenso wie jeder von uns ein Sonnenzeichen hat, besitzt er auch ein Mondzeichen. Dieses ist für die Deutung der Persönlichkeit mindestens genauso wichtig wie das Zeichen

Die Sonne in der Waage

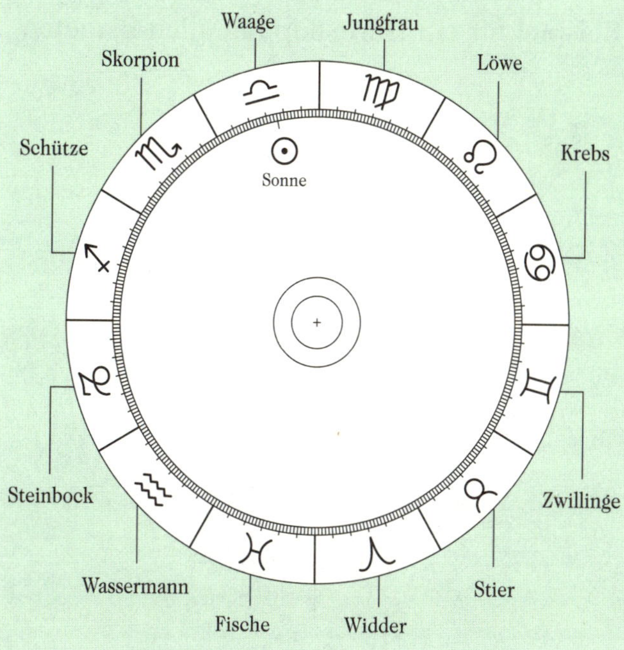

der Sonne. Die Sonnenzeichen sind wahrscheinlich nur deshalb bekannter, weil sie sich ganz leicht über das Geburtsdatum feststellen lassen.

Geburtsjahr

Das ist beim Mond nicht so einfach. Denn hier benötigen wir neben dem Geburtstag noch die Zuordnung zum Geburtsjahr. Da wir für Ihre Charakter- und Schicksalsanalyse jedoch auch das Mondzeichen verwenden wollen, finden Sie im Anhang eine Tabelle, mit der Sie leicht die Zeichenstellung des Mondes zum Zeitpunkt Ihrer Geburt bestimmen können.

Beispiel für ein Horoskop mit allen Planeten

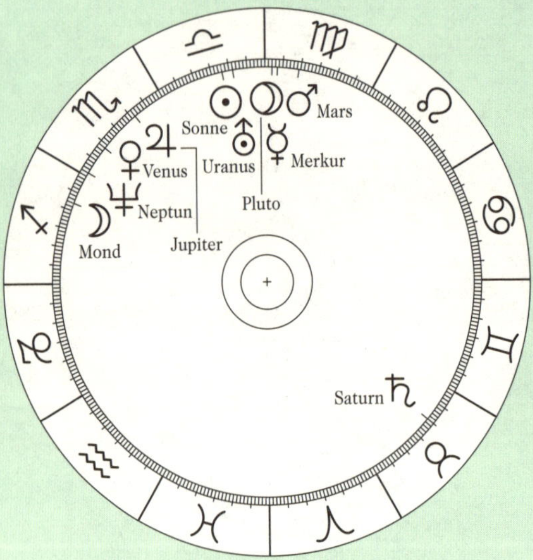

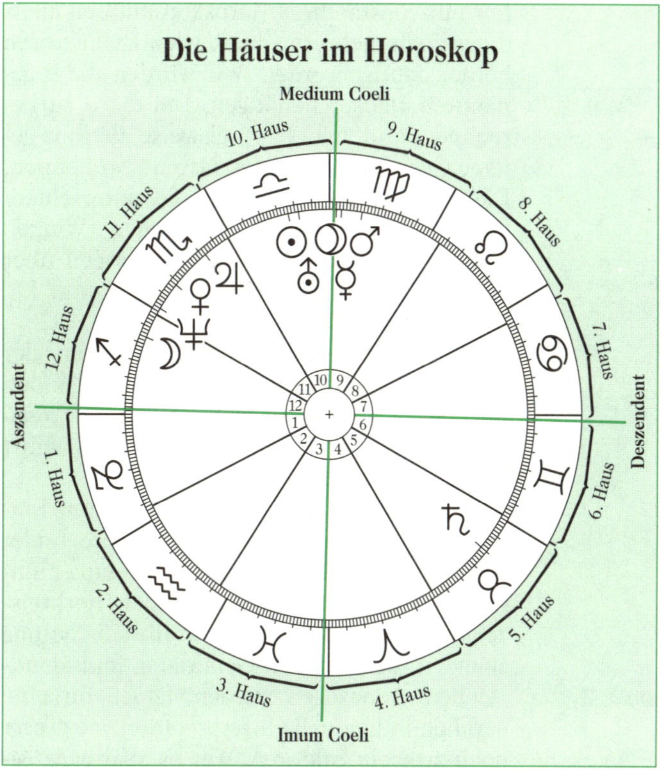

Eine ausschlaggebende Rolle innerhalb des Horoskops spielt der Aszendent. Dieser wird durch das Tierkreiszeichen bestimmt, das im Augenblick der Geburt über den Osthorizont tritt (lateinisch *ascendere* = »aufsteigen«). Dazu müssen Sie wissen, an welchem Ort und zu welcher Zeit Sie geboren sind. Eine Tabelle und eine genaue Anweisung zur Berechnung Ihres Aszendenten finden Sie im Anhang dieses Buches.

Aszendent

Für ein vollständiges Horoskop müßten allerdings noch mehrere andere wichtige Faktoren berücksichtigt werden. Wir würden die sogenannten Häuser benötigen. Um diese zu berechnen, muß man beispielsweise die ganz genaue Geburtszeit und den Geburtsort kennen. Die Verhältnisse, in denen die unterschiedlichen Planeten zueinander stehen (Winkel, Aspekte), lassen erst präzise Aussagen über individuelle Charaktereigenschaften und Lebensumstände zu.

Diese und andere wichtige Themen der Astrologie sollen im Rahmen des vorliegenden Buches, in dem es speziell um ein Tierkreiszeichen geht, jedoch nicht weiter ausgeführt werden.

Individuelle Interpretation

Wer sich mit all diesen interessanten Einzelheiten genauer beschäftigen möchte, findet dazu im Anhang einige Literaturempfehlungen. Ebenso kann ein Buch über Tierkreiszeichen keine persönliche Horoskopdeutung ersetzen. Selbst wenn Geburtstag und Mondzeichen einbezogen werden, fehlen für eine wirklich individuelle Interpretation wie gesagt noch zu viele Faktoren. Wer es aber ganz genau wissen möchte und ein exakt auf sich berechnetes und gedeutetes Horoskop wünscht, kann bei uns hierzu kostenlos und unverbindlich weiteres Informationsmaterial anfordern. Die Adresse finden Sie ebenfalls am Ende dieses Buches.

Doch lassen Sie uns nun erkunden, was einen »typischen Widder« ausmacht. Beginnen wir damit, uns einmal anzuschauen, welch unterschiedlichen prominenten Menschen dieses Tierkreiszeichen gemeinsam ist.

Die Tierkreiskarte Widder des Malers Johfra

Jacques Brel

Helmut Kohl

Bekannte Widder-Persönlichkeiten

Herb Alpert, Musiker
Jean-Paul Belmondo, Schauspieler
Jacques Brel, Sänger und Komponist
Claudia Cardinale, Schauspielerin
Erich von Däniken, Schriftsteller
Doris Day, Schauspielerin
Heinz Fidelsberger, Astrologe und Arzt
Herbert Grönemeyer, Sänger und Schauspieler
Emmylou Harris, Sängerin
Hugh Hefner, Herausgeber des *Playboy*
Roman Herzog, Politiker
Terence Hill, Schauspieler
Rolf Hochhuth, Schriftsteller
Elton John, Popstar
Helmut Kohl, Politiker
John Major, Politiker
Prinz Philip, Mitglied des englischen Königshauses
Alexander Pronay, Astrologe
Itzhak Rabin, Politiker
Joseph Ratzinger, Kardinal
Jochen Rindt, Rennfahrer
Hans Rosenthal, Showmaster
Diana Ross, Popstar
Howard Sasportas, Astrologe
Gustav »Bubi« Scholz, Boxer
William Shatner, Schauspieler
Johannes Mario Simmel, Schriftsteller
Peter Ustinov, Schauspieler und Buchautor
Richard von Weizsäcker, Politiker
Gheorghe Zamfir, Musiker

Der Widder – Daten und Symbole

20., 21. März bis 19., 20., 21. April

Qualität: männlich, aktiv, Yang
Element: Feuer
1. Kardinalzeichen
Herrscher: Mars ♂
Nebenherrscher: Pluto ♇

Unterschiedliche Anfangstage

Mit dem Tierkreiszeichen Widder beginnt das astronomische und das astrologische Jahr. Der Frühlingsanfang, der sich jedes Jahr auf die Minute genau bestimmen läßt, ist gleichzeitig auch der Beginn dieses Sonnenzeichens. Das Datum ist, je nach Jahr, der 20. oder der 21. März. Jeder, der an einem dieser Tage geboren wurde und nicht weiß, ob er noch Fisch oder schon Widder ist, kann dies der Tabelle »Von wann bis wann ist man ein Widder?« im Anhang entnehmen. Ebenso gibt es Überschneidungen am Ende des Zeitraums. In der Tabelle können Sie auch erkennen, ob Sie noch ein Widder oder schon ein Stier sind. Im Zweifelsfalle muß die Uhrzeit der Geburt bekannt sein. Diese ist am Standesamt des Geburtsortes niedergelegt und wird auf schriftliche Anfrage in aller Regel problemlos mitgeteilt.

Symbol

Der Widder wird vom Mars beherrscht, was sich noch im Monatsnamen »März« widerspiegelt. Das Symbol dieses Tierkreiszeichens kann natürlich leicht als die Hörner des Widders interpretiert werden. Eine tiefere Deutung ist die eines sprießenden Blattes. Die Natur beginnt nach der langen Zwangspause durch den Winter wieder zu erwachen. Das Saatgut keimt, und die Bäume schlagen aus. In diese Zeit fällt auch das Osterfest, bei dem sich in Form des Osterhasen und der Ostereier die Überreste uralter Fruchtbarkeitskulte bis heute erhalten haben. Es herrscht allgemeine Aufbruchstimmung, denn wie ein Rennpferd, das lange im Stall stehen mußte, ist alles begierig darauf, sich austoben zu können und von seinen Kräften Gebrauch zu machen.

ᛗ

Die Rune, die dem Widder-Zeichen am besten entspricht, ist die Man-Rune mit den Bedeutungen »Mann, Mensch, Aufstieg, Anfang, Frühling und Osten«.

»Typisch Widder« – Stärken und Schwächen der Widder-Persönlichkeit

Persönliche Stärken in Stichworten

Abenteuerlustig, aktiv, aufrichtig, authentisch, begeisterungsfähig, Beschützerinstinkt, direkt, dynamisch, ehrlich, einsatzbereit, energisch, engagiert, entscheidungskräftig, fair, Freiheitsdrang, geradlinig, idealistisch, impulsiv, individuell, initiativ, inspiriert, kameradschaftlich, Lebenskraft, leistungswillig, mutig, natürlich, offen, optimistisch, regenerationsfähig, risikobereit, ritterlich, spontan, sportlich, stolz, tatendurstig, tatkräftig, triebkräftig, unabhängig, unternehmungslustig, unverbraucht, vital, willensstark, zuversichtlich.

Spontaneität

Persönliche Schwächen in Stichworten

Aggressiv, angriffslustig, ausdauerschwach, begegnungsschwach, cholerisch, gedächtnisschwach, gefühlsgehemmt, gewalttätig, hitzig, inkonsequent, konfliktorientiert, konzentrationsgestört, leichtfertig, rücksichtslos, unausgeglichen, undifferenziert, uneinsichtig, ungeduldig, unzuverlässig, voreilig, vorschnell handelnd (erst handeln, dann denken), widerstandsorientiert, wütend, zornig.

Unzuverlässigkeit

Wer das Wesen einer »echten« Widder-Persönlichkeit verstehen möchte, hat es leicht: Er muß sich nur einen richtigen Western anschauen. Je schlechter der Film, um so deutlicher treten die Klischees hervor, und um so sichtbarer wird der Archetypus.

»Es gibt viel zu packen – tun wir's ihnen an.«

(SPONTI-SPRUCH)

Die Revolverhelden, das Faustrecht und natürlich der Cowboy, der einsam in die untergehende Sonne reitet: plakativer läßt sich die Innenwelt eines wahren Widders nicht beschreiben.

Jeder, der auf einem Pferd reitet, nimmt bereits ein wenig die Qualität dieses Tierkreiszeichens an, denn die Pferde unterstehen dem Schütze-Prinzip, welches wiederum die Nähe zum Widder sucht.

Auch die verkitschte Romantik des inzwischen an Krebs gestorbenen »Marlboro-Manns«* gehört in diesen Zusammenhang, denn den »Geschmack von Freiheit und Abenteuer« möchte sich der Widder in uns allzugern leisten, selbst wenn es sich dabei nur um blauen Dunst handelt.

Idealismus

So ist der Widder zur Verwunderung vieler ein Idealist und Romantiker. Sein markiges Auftreten und sein erbarmungsloser Realitätssinn beeindrucken und verschrecken besonders zarte Gemüter. Deshalb trauen ihm viele tiefer gehende Gefühle oder gar Sentimenta-

* Das ist kein Scherz! Der Darsteller in der bekannten Werbung rauchte tatsächlich auch im wirklichen Leben Unmengen von Zigaretten seiner Lieblingsmarke, die zu seinem frühen Tod führten. Seine Frau erstritt in einem spektakulären Prozeß gegen den zuständigen Tabakkonzern eine hohe Schadensersatzzahlung.

lität kaum zu – ein schwerer Fehler, der die Ursache vieler unerfreulicher Mißverständnisse ist. Keiner kann besser austeilen und schlechter einstecken als der Widder. Daß er es meistens gar nicht so schlimm gemeint hat, weiß er selbst am besten und wundert sich deshalb über die Empfindlichkeiten anderer. Daß es die anderen nicht so gemeint haben, kann er sich hingegen kaum vorstellen und ist deshalb zutiefst verletzt, unabhängig davon, wie sehr er versucht, sich nichts anmerken zu lassen.

Empfindlichkeit

Wo ein Widder ist, ist auch ein Weg

Wenn ein Widder an etwas glaubt, dann daran, daß jeder seines Glückes Schmied ist – das Credo des Selfmademan. Und in der Tat zählen für diese Menschen nur die Dinge, die sie aus eigener Kraft erreicht haben. Das heißt nicht, daß sie nicht bereit wären, angemessene Hilfe zu akzeptieren – im Gegenteil, man darf sicher sein, daß sie es Ihnen nie vergessen werden. Hauptberuflich Sohn eines reichen Vaters oder Partner einer reichen Frau zu sein kann einen echten Widder jedoch niemals zufriedenstellen. Es würde sein Selbstwertgefühl zerstören und aus ihm einen verbitterten, depressiven Menschen machen. So ist er denn mit einem kleinen Gemischtwarenladen, den er selbst aufgebaut und zum Laufen gebracht hat, glücklicher als mit einem Chefsessel, in den er nur durch familiäre Beziehungen gehievt wurde.

»Man lernt, wie ein Krieger zu handeln, indem man handelt – nicht indem man redet.«

(CARLOS CASTANEDA)

Eroberungsdrang

Deshalb muß denn auch der geeignete Partner erobert werden, um ihn als wirklich begehrenswert zu empfinden. Wer sich einem Widder allzu willig und widerstandslos in die Arme wirft, sollte sich deshalb nicht wundern, wenn er bald darauf fallengelassen wird wie eine heiße Kartoffel.

Die echte Widder-Natur ist ein wahres Energiebündel, das jede Chance nutzt, seine Kräfte spielen zu lassen. Dinge, die den Widder interessieren, werden mit Begeisterung und hundertprozentigem Engagement angegangen. Was er nicht mag, bewirkt dagegen heftige Ablehnung und Desinteresse. Es liegt im Wesen des Widders, alles, was ihm widerfährt, entweder ganz oder gar nicht zu mögen. Die zarten Zwischentöne liegen ihm nicht nur nicht – sie sind ihm völlig unverständlich. Nach der Rede eines diplomatischen Menschen etwa fragt er sich verwirrt, was dieser eigentlich sagen wollte. Die allermeisten Widder sind einfach nur deshalb ehrlich und direkt, weil sie sich auf Lügen und Schönfärberei nicht verstehen – in diesem Licht erscheint es allerdings um so seltsamer, daß so viele Spitzenpolitiker im Sonnenzeichen des Widders geboren wurden. Vermutlich sind hier Ehrgeiz und Machtwille die Voraussetzungen für den Erfolg: zwei Eigenschaften, über die dieses Tierkreiszeichen in reichlichem Maße verfügt. Ehrlichkeit, Direktheit und Offenheit scheinen sich hier dem Durchsetzungsverlangen unterordnen zu müssen.

Engagement

Ehrgeiz

Von niemandem lassen sie sich etwas sagen oder gar vorschreiben, und Vorgesetzte werden in erster Linie als natürliche Gegner betrachtet, die es zu überflügeln gilt. So steckt jeder Chef, der einen Widder-Geborenen als Mitarbeiter hat, in einer Zwickmühle: Auf die Fähigkeiten, den Leistungswillen sowie die Eigeninitiative dieser Menschen kann und will er nicht verzichten. Mit ihrem Widerspruchsgeist, dem mangelnden Willen, sich unterzu-

Widerspruchsgeist

ordnen und Anweisungen auszuführen, deren Sinn ihnen nicht einleuchten will, tut er sich dagegen schwer. In der Tat werden die Autorität und das Selbstbewußtsein eines Vorgesetzten durch nichts einer so harten Bewährungsprobe unterzogen wie durch einen aufmüpfigen Widder. Hier hat schon mancher kleine Angestellte die Herren in der Chefetage zum Weinen gebracht. Dabei ist es so leicht, einen Widder zu motivieren: Lassen Sie einfach dezent durchblicken, daß er mit einer bestimmten Aufgabe vermutlich überfordert wäre und daß Sie planen, diese deshalb einem anderen, kompetenteren Mitarbeiter zu übergeben. Ein Widder wird lieber die Nächte durcharbeiten und dabei noch eine Fremdsprache erlernen, als sich und anderen eingestehen zu müssen, daß jemand fähiger und besser ist als er. Das Wesen des Widders lebt von der Konkurrenz, diese spornt ihn nicht nur an und motiviert ihn, sie ist vielmehr das Salz in der Suppe seines Lebens. Nimmt man einem Widder den Wettstreit mit anderen, wird er faul, bequem und – unglücklich. Schließlich wirkt kaum etwas überflüssiger als ein Kämpfer, wenn es nichts zu kämpfen gibt.

Konkurrenz

Ein trauriges, wenn auch zum Glück seltenes Beispiel ist das Schicksal des einstmals so erfolgreichen und gefeierten Boxers »Bubi« Scholz. Nach dem Ende seiner Karriere verfiel er zusehends dem Alkohol, seine Ehe zerbrach. Unter nicht vollständig geklärten Umständen erschoß er seine Frau im Vollrausch, wofür er eine Gefängnisstrafe verbüßte.

Niemand kann es einem Widder gleichtun, wenn es um die energische Überwindung auch größter Hindernisse und Widerstände geht, und keiner geht kläglicher unter, wenn sich Langeweile und Bequemlichkeit einstellen. Wer einem Widder eine Freude machen möchte, der sorge dafür, daß dieser täglich mindestens eine Nuß zu knacken bekommt, sonst wird er sich nur allzu schnell überflüssig und unnütz vorkommen.

Herausforderung

Der Krieg ist der Vater aller Dinge

So ist denn auch der größte Fehler, den man in einer Ehe mit einem Widder machen kann, ihm das Gefühl zu geben, daß er sich Ihrer völlig sicher sein kann. Die Betroffenen werden natürlich einwenden, daß sie das ewige eifersüchtige Gezeter nicht mehr hören konnten und sie einfach ihre Ruhe haben wollten. Doch alles hat seinen Preis, und wer glücklich mit einem Widder zusammenleben möchte, sollte sich so schnell wie möglich damit abfinden, daß er von ihm so ziemlich alles bekommen kann, was er möchte, außer seine Ruhe. Wer also diesen marsregierten Menschen das Gefühl von Sicherheit gibt, macht sie und sich selbst nur unglücklich. Was ist eine Sache schon wert, die man nicht verteidigen muß? Erst wenn andere unübersehbar Interesse am eigenen Partner zeigen, erwachen wieder »Jagdtrieb« und Eroberungswille. Dies mag zwar die Lautstärke mancher ehelicher Gespräche erhöhen, die Partnerschaft kann davon jedoch nur profitieren. Konkurrenz belebt schließlich das Geschäft, das gilt auch für das Liebesleben. Übertreiben sollten Sie allerdings auch nicht, schließlich haben die Mars-Gebo-

»Jagdtrieb«

renen ihren Stolz. Wer zu heftig mit anderen flirtet, darf sich nicht wundern, wenn sich der Partner mit doppelter Münze revanchiert.

Ein Widder, der durch einen Nebenbuhler oder eine Nebenbuhlerin nicht in Rage gerät, hat mehr als nur das Interesse an seinem Partner verloren. Er möchte ihn definitiv loswerden. Nur die Gewißheit, seinem Gegner zu schaden, läßt hier jede Eifersucht vergessen.

> »Es ist ein großer Irrtum zu glauben, daß es unter den Widder-Geborenen keine Pazifisten gäbe – einige von ihnen sind sogar richtig militant.«
>
> (JOHNNY LENTINO)

Leider kann nicht jeder Widder in allen Lebenslagen immer der Gewinner sein – dafür gibt es einfach zu viele von ihnen. Doch da Menschen mit diesem Sternzeichen nun einmal die Herausforderung und den Erfolg brauchen wie andere die Luft zum Atmen, müssen sie einen Lebensbereich finden, der ihnen beständig die Möglichkeit bietet, ihr Mütchen zu kühlen. Nicht immer kann dies der Beruf leisten. Schließlich sind die wirklich lebensgefährlichen Berufe selten geworden und finden zudem nicht immer das Einverständnis des Partners. Auch die Aufstiegschancen sind oft reglementiert und begrenzt. So haben es Widder mit Beamtenstatus in dieser Hinsicht besonders schwer. Abhilfe kann hier in vielen Fällen der Sport schaffen. Wenn im wirklichen Leben schon auf den Reiz des Kampfes verzichtet werden muß, im Sport darf man sich noch frei ausleben. Seine Bedeutung für eine ausgeglichene Persönlichkeit und eine harmonische Partnerschaft kann kaum zu hoch eingeschätzt werden. Lassen sich hier doch Aggressionen sinnvoll abreagie-

Aggressionen

ren, die sonst nur gegen sich selbst oder die Mitmenschen gerichtet würden.

Ruhig, entspannt, großzügig und gelassen wird der Widder erst, wenn er seine hochgesteckten Ziele erreicht hat und das Alter sein Temperament mildert. Sogar Kritik an seiner Person läßt er dann zu – vorausgesetzt, er äußert sie selbst.

Angriffe von anderen wird er zeitlebens als gefährliche Bedrohung erleben, die es im Keim zu ersticken gilt. Unangreifbar in einer überlegenen Führungsposition, die beständig neue Herausforderung und Selbstbestätigung bietet, das ist die Voraussetzung für Entspannung und Großzügigkeit.

Beruf

So ist der Beruf des Bundespräsidenten für einen Widder ideal: das formal höchste Amt im Staate, als Vertreter aller Bürger und über den Parteien schwebend. Nur schade, daß sich hier so wenig praktisch bewegen läßt. Dennoch haben die beiden Widder Richard von Weizsäcker und Roman Herzog auf die aktuelle politische Situation mehr Einfluß genommen als die meisten ihrer Vorgänger. Pikant macht die Sache, daß der Bundeskanzler Helmut Kohl ebenfalls ein Widder ist. Die Nachrichten von Streitigkeiten zwischen ihm und von Weizsäcker erreichten eine breite Öffentlichkeit, und auch mit Herrn Herzog wird er nicht immer einer Meinung gewesen sein.

Ein Widder, der ruhig, zurückhaltend, überlegt und frei von Ehrgeiz ist, gibt Grund genug zu ernsthafter Sorge. Entweder handelt es sich um ein besonders durchtriebenes Exemplar, das gelernt hat, seine Gegner in Sicherheit zu wiegen, um dann besonders heftig zuzuschlagen, oder er ist ernsthaft krank. Laue Widder sind wie Blumen, die man in die falsche Erde und in den falschen Topf gepflanzt hat, um sie dann an das falsche Fenster zu stellen. Kein Wunder, daß sie verkümmern. Ihre ungelebte Energie, ihr gebrochener Lebensmut machen

Choleriker

sie dann leider oft zu griesgrämigen Cholerikern, die immer entweder wütend oder beleidigt sind. In beiden Fällen kann man es mit ihnen kaum aushalten. Doch für Widder gibt es niemals ein »Zu früh« und nur selten ein »Zu spät«: Gibt man ihnen eine Aufgabe, die all ihre Fähigkeiten fordert, in der sie sich beweisen können und die Sinn macht, so verwandeln sie sich schneller, als man zuschauen kann. Aus einer stacheligen Mimose wird gleichsam über Nacht ein Wesen voller Tatendrang und Lebensfreude. Insbesondere männlichen Widdern fällt es oft schwer zuzugeben, daß ihre Leidenszeit ein Ende hat. Merken kann es dennoch jeder: Sie jammern bemerkenswert häufig und ausführlich über ihren Streß, während sie noch schnell eine Tasse Kaffee hinunterschütten und federnden Schrittes aus der Wohnung eilen. Mit dem fröhlichen Pfeifen beginnen sie sicherheitshalber erst im Treppenhaus.

Das Widder-Kind

Schon als Säugling ist den Widder-Geborenen klar, daß sich mit Willenskraft fast alles durchsetzen läßt. In diesem Alter bedeutet dies natürlich, nach Leibeskräften zu schreien, bis die Eltern endlich begriffen haben, was sie tun müssen. Die meisten Kinder dieses Zeichens beginnen schon sehr früh ihre Umwelt zu erforschen. Manche entwickeln, noch bevor sie laufen können, ein unglaubliches Geschick, an die Dinge heranzukommen, die sie gern haben möchten. Dabei ist es gleich, ob es sich um die Brille eines neugierigen Onkels handelt, die ihm schneller von der Nase gezogen wird, als man schauen kann, oder ob zur nächsten Steckdose gekrabbelt wird, um den Geheimnissen der Elektrizität handgreiflich auf den Grund zu gehen.

Lebendigkeit

Die Vitalität dieser Kinder stellt für die meisten Eltern eine echte Herausforderung dar, sind doch nur die Gegenstände vor ihnen sicher, die garantiert harmlos und ungefährlich sind. Alles andere ist viel spannender. So gilt es denn, ständig darauf zu achten, daß sich das Kind in seiner Entdeckerwut nicht verletzt oder Dinge zerstört, die den Eltern lieb und teuer sind. Kein anderes Kind verletzt sich in der frühen Kindheit häufiger als ein Widder. Glücklicherweise sind die Folgen meist viel weniger dramatisch, als das Geschrei oder der erste Eindruck vermuten lassen.

Allerdings kann besondere Vorsicht beim Umgang mit Feuer, Strom und heißem Wasser nicht schaden. Manches Kind hat sich bei dem Versuch, herauszufinden, was in einem heißen Kochtopf steckt, schon schlimm verbrannt.

Krankheit

Die Kinderkrankheiten verlaufen in den meisten Fällen nach dem Motto: kurz und heftig. Widder-Kinder neigen dazu (wie die Erwachsenen auch), leichter hohes Fieber zu bekommen als andere. Nur selten ist dies Anlaß zu ernsthafter Sorge, im Gegenteil: Dies trägt zur Entwicklung eines außergewöhnlich guten Immunsystems bei, das sie ein Leben lang vor den meisten Infektionskrankheiten bewahrt. Ernsthaft krank werden Widder-Kinder nur selten, die Gefahr, sich zu verletzen, ist hier viel größer. Besonderes Augenmerk sollte allerdings auf die Entwicklung der Zähne gelegt werden. In den meisten Fällen ist das Gebiß der Widder ausgesprochen kräftig. Hier muß in der Wachstumsphase besonders auf

Ernährung

die Ernährung geachtet werden, da der Bedarf an Mineralien enorm ist. Schneller als bei anderen Zeichen kann es beim Widder-Kind zu Mangelerscheinungen im Zahnmaterial kommen. Ein Zahnengstand entsteht leicht, wenn der Nachwuchs nicht genügend harte Nahrung zu sich nimmt, die die Zähne während ihres Wachstums nach außen drückt.

Wer seinen Widder-Nachwuchs mit Argumenten erziehen möchte, der ist meiner Bewunderung und meines Mitgefühls sicher. Die Wahrscheinlichkeit, mit Appellen an die Vernunft Erfolg zu haben, ist so groß wie die Überlebenschancen eines Schneemanns in der Wüste. Widder-Kinder, die auf Belehrungen mit bravem Kopfnicken reagieren, sind oft die raffiniertesten. Sie haben schon sehr früh gelernt, ihr Erstaunen über die unglaubliche Leichtgläubigkeit der Erwachsenen zu verbergen und für ihre Zwecke zu nutzen. Eltern solcher Kinder sollten sich einmal die Mühe machen, diesen mal etwas genauer auf die Finger zu schauen, wenn sie sich unbeobachtet wähnen. Das Ergebnis wird manchen verblüffen.

Widder-Kinder sind nun einmal handlungsorientierte Menschen, zuviel Gerede, insbesondere von Erwachsenen, geht ihnen nur auf die Nerven. Mit handgreiflichen Argumenten können sie dagegen schon viel mehr anfangen. Das heißt beileibe nicht, daß in solchen Fällen körperliche Züchtigung empfohlen werden soll. Diese Form der »Erziehung« scheint ja zum Glück heutzutage weitgehend überwunden. Ein kleiner Klaps wirkt jedoch oft Wunder und wird von den Kindern regelrecht erwartet. Schließlich braucht das Widder-Kind das Gefühl, Eltern zu haben, die ihm körperlich hoffnungslos überlegen sind. Erst dies verschafft ihm ein Gefühl von Sicherheit und Geborgen-

»An ihren Früchten sollt ihr sie erkennen.«

(MATTHÄUS 7, 16)

heit. Übertriebene Toleranz wird es als Schwäche interpretieren, was im Extremfall zu Unsicherheit und Angst führt. Die Eltern als starke Autoritäten zu erleben macht ein Widder-Kind wirklich glücklich. Und das hat nichts mit autoritärem Verhalten zu tun.

Körperkontakt

Der kleine Widder braucht viel Körperkontakt, aber auch viel Bewegung. Deshalb ist für ihn das Reiten auf Papas Rücken oder Schultern einfach das Größte. Auch Raufen ist für ihn eine tolle Sache, egal, ob mit Gleichaltrigen oder mit Erwachsenen. Nur verlieren mögen sie nicht gern: Hier fließen schnell einmal Tränen, oder es kommt zu wütendem Geschrei. Da helfen allein Geduld und die Erziehung zur Fairneß. Schließlich ist die Erkenntnis, daß man nicht immer gewinnen kann, eine der wichtigsten Voraussetzungen für eine gesunde Persönlichkeitsentwicklung. Für dieses Tierkreiszeichen gilt das in ganz besonderem Maße. Sport ist in diesem Sinne deshalb für das Widder-Kind ein guter Ausgleich und oft die Rettung des elterlichen Nervenkostüms. Hier lernt das Kind, daß persönlicher Erfolg nicht nur vom eigenen Willen, sondern auch von Ausdauer und Disziplin abhängt. Die eigenen Grenzen können durch hartes Training erweitert werden. Das macht es leichter, sich mit der unvermeidlichen Tatsache abzufinden, daß gelegentlich auch andere besser sind und man nicht immer der strahlende Sieger sein kann.

»Es ist überhaupt nicht wahr, daß ich immer widerspreche.«

(KINDERMUND)

In vielen Fällen wird ein Widder-Kind, das vorher seinen Eltern keine ruhige Minute gelassen hat, durch den geeigneten Sport zu einem immer noch temperamentvollen, aber inzwischen auch ausgeglichenen Wesen. Es soll sogar schon Fälle gegeben haben, wo ein solches Kind abends freiwillig ins Bett ging, damit es am nächsten Morgen »fit« ist. Nein, es ist nicht krank, es will nur den nächsten Wettkampf gewinnen.

Die Widder-Frau

Wer einmal eine Folge der Fernsehserie »Golden Girls« gesehen hat, findet in Dorothy eine bis zur Karikatur stilisierte Variante der Widder-Frau (die anderen drei Damen entsprechen übrigens den drei weiteren Kardinalzeichen Krebs, Waage und Steinbock, wobei ich es Ihrer kreativen Phantasie überlassen möchte, die richtigen Zuordnungen vorzunehmen). Wenn Sie eine dieser Folgen aufmerksam anschauen, werden Sie feststellen, daß es Dorothy nahezu immer gelingt, ihren Kopf durchzusetzen. Und ohne sie geht schon gar nichts.

Durchsetzungswille

Im wirklichen Leben ist es ähnlich: Eine echte Widder-Frau hält in der Regel die Emanzipation für eine der überflüssigsten Erfindungen, die je gemacht wurden. Sie hat sich noch nie von irgend jemandem auf Dauer etwas vorschreiben lassen, und wenn das einzige Argument das Geschlecht war, schon überhaupt nicht. Viele Widder-Frauen sind bereits als Kind lieber auf Bäume geklettert, als mit Puppen zu spielen. Die Menge verschmutzter und zerrissener Kleidung wird so manche Mutter an den Rand der Verzweiflung getrieben haben. Vielleicht machten sich die

Eltern sogar Sorgen, ob aus ihrer Tochter auch eine »richtige« Frau werden würde, da sich das Kind nach ihrer Vorstellung zu unweiblich verhielt.

Weiblichkeit

Wer eine Widder-Frau zu seiner Herzdame erkoren hat, weiß, wie unbegründet derartige Befürchtungen waren. An ihrer Weiblichkeit kann kein Zweifel bestehen, im Gegenteil: Besser als die meisten anderen Frauen weiß sie beispielsweise, wie man Männer um den Finger wickelt. Und von dieser Fähigkeit machen Widder-Frauen, wenn notwendig, auch großzügigen Gebrauch. Angeber und Großmäuler können sie nicht ausstehen. Wer bei ihnen landen möchte, indem er protzt, hat schon verloren, bevor er auch nur eine Chance hatte. Wer sich in seiner Eitelkeit einbildet, leichtes Spiel zu haben, muß häufig im wahrsten Sinne des Wortes Lehrgeld bezahlen: Manche selbstbewußte Widder-Frau geht zum Schein auf das Werben ein, läßt sich einige Male so teuer wie möglich ausführen, um anschließend den Gecken im Regen stehenzulassen.

Viele schließen aus solchen Verhaltensweisen, die Widder-Frau sei hartherzig und berechnend. Nichts ist falscher als das. Sie weiß lediglich instinktiv, daß Männer nicht durch Argumente lernen, wohl aber aus Erfahrungen. In diesem Sinne betreibt manche ein wenig aktive Entwicklungshilfe.

Ehrlichkeit

Jemanden, der sich ihnen gegenüber aufrichtig und ehrlich verhält, können und wollen Widder-Frauen nicht belügen. Im Gegenteil: Sie lieben den offenen Umgang und vermögen sich mit Doppelmoral und gesellschaftlicher

Etikette nur schwer abzufinden. Sie glauben fest daran, daß es in der Welt besser aussähe, wenn nur jeder offen und ehrlich sagte, was er denkt. Auch auf die Gefahr hin, daß die Wahrheit schmerzt. Gleichzeitig sind sie realistisch genug, um zu wissen, daß die Praxis anders aussieht. Verletzende Erfahrungen mit der Männerwelt lassen die eine oder andere ein wenig zynisch werden. Insbesondere das arrogante Verhalten der Ewigvorgestrigen, die auch heute noch das »Nein« einer Frau als »Vielleicht« und das »Vielleicht« als »Ja« interpretieren, hat manche zurückhaltend werden lassen. Wenn eine Widder-Frau nein sagt, dann meint sie das ganz genau so, wie sie es gesagt hat, und wird jede andere Deutung zu Recht als Übergriff und Beleidigung verstehen. Wer jedoch mit unverblümter Offenheit umgehen kann und ihr den gebührenden Respekt zollt, wird sie in seinem Leben nicht mehr missen wollen.

»Wir gehen Risiken ein, ohne vorher etwas zu erproben. Wir sind spontan.«

(FRITZ PERLS)

Widder-Frauen mögen keine Halbheiten, weder im Beruf noch in der Partnerschaft oder als Mutter. Da sie über einen ausgeprägten Lebenshunger verfügen, bringt sie genau dieser Umstand immer wieder in schwer lösbare Konflikte: Viele engagieren sich beruflich und streben eine ehrgeizige Karriere an. Sobald sie eine Lebensgemeinschaft eingehen, soll auch diese Lebensmittelpunkt sein. Spätestens wenn sich der Kinderwunsch einstellt, lassen sich die unterschiedlichen Lebensthemen nicht mehr gleichwertig unter einen Hut bringen. Darunter leiden viele Widder-

Frauen mehr, als sie sich und anderen eingestehen wollen. Die Ursache ist nur in seltenen Fällen das mangelnde Verständnis des Partners. Meist sind es die völlig überzogenen Erwartungen an sich selbst, die zu Selbstzweifeln oder gar einer Lebenskrise führen können.

Selbstzweifel

Allzuviel zu planen liegt dem Widder nicht, egal, ob Mann oder Frau. Die Widder-Frau ist hier zwar ein wenig überlegter, aber eben nur ein wenig. Da viele Widder-Frauen ein ausgesprochen leidenschaftliches und spontanes Temperament haben, vor allem wenn beim richtigen Partner die Funken sprühen, sollten sie schon beizeiten eine Entscheidung getroffen haben, was ihnen wichtiger ist: Karriere oder Kinder. Anderenfalls nimmt in vielen Fällen die Natur ihren Lauf, und das Thema Familienplanung hat sich von selbst erledigt. Doch auch wenn sich der Nachwuchs unangemeldet und zum völlig »ungeeigneten« Zeitpunkt ankündigt, nimmt dies eine Widder-Frau in aller Regel gelassener als ihre Geschlechtsgenossinnen. Besser als alle anderen Tierkreiszeichen kann sie sich blitzschnell auf neue Lebenssituationen einstellen und ihnen die besten Seiten abgewinnen. So wurde schon aus mancher erfolgreichen Karrierefrau fast über Nacht eine glückliche Mutter. Vielleicht bezieht sie ihr Selbstvertrauen auch aus dem Wissen, daß sie damit noch lange nicht »weg vom Fenster« ist. Schließlich kann sie jederzeit wieder da anfangen, wo sie vor ein paar Jahren aufgehört hat. Anderen mag es schwerfallen, den Anschluß zu finden, einer Widder-Frau nicht.

Temperament

Der Widder-Mann

Die Frau, die einen »richtigen« Mann möchte, ist mit einem Widder-Exemplar bestens bedient. In ihm haben Sie einen zuverlässigen und temperamentvollen Gefährten, der sich eher totschlagen läßt, als seine Partnerin im Stich zu lassen. Sosehr er frauliche Qualitäten schätzt, so wichtig ist ihm auch jemand für gemeinsame Unternehmungen. Natürlich läßt er sich gern »betüdeln«, aber noch lieber ist es ihm, wenn Sie ihn bei seiner abendlichen Kneipentour begleiten oder mit ihm auf den Fußballplatz gehen. Seien Sie sich sicher: Ihm wird immer etwas einfallen, um Sie auf Trab zu halten. Spätestens nach ein paar Jahren Zusammenleben sind Sie sicher froh, wenn er manchmal eine Weile außer Haus ist, damit Sie endlich zu dem kommen, was Sie schon seit Wochen machen wollten. Trotzdem sollten Sie sich freuen, denn solange er alle fünf Minuten nach Ihnen ruft, wissen Sie, daß ihm wirklich viel an Ihrer Partnerschaft liegt. Wird er still und in sich gekehrt, dann ist auch aus der Beziehung der Dampf raus.

Zuverlässigkeit

Viele Widder-Männer sind begeisterte Camper. Eine Partnerin, die sich fürs Zelten bei Wind und Wetter nicht zu schade ist, bedeutet ihm mehr als ein Luxusweibchen, das ohne Schminkkoffer und Taschenspiegel keine halbe Stunde überleben kann.

Wer auch immer es wagt, der Partnerin eines Widders zu nahe zu kommen, muß mit gewaltigem Ärger rechnen. Wer seine Frau beleidigt, beleidigt auch ihn, und wer sie ihm ausspannen will, spielt mit seinem Leben.

> »Die Genugtuung liegt in der Mühe, sein Ziel zu erreichen, nicht im Ergebnis selbst.«
>
> (MAHATMA GANDHI)

Der echte Widder-Mann repariert alles im Haus selbst – auch wenn er eine Woche für etwas braucht, was eine Fachkraft in einer Stunde erledigt hätte. Werfen Sie ihm niemals vor, daß sein Versuch, die Heizung zu reparieren, einen Wasserrohrbruch verursacht hat und man für die Rechnung der Handwerker sich locker einen Urlaub hätte leisten können. Er leidet schon genug darunter, und sein Selbstwertgefühl hat empfindlichen Schaden genommen. Wenn ihn niemand kritisiert, besteht die geringfügige Chance, daß er aus der Erfahrung lernt und beim nächstenmal gleich professionelle Hilfe in Anspruch nimmt. Anderenfalls kauft er sich höchstens ein Fachbuch für Heimwerker.

Zuwendung

Ein Widder-Mann wird immer Zeit für Sie und Ihre Probleme haben, so unpassend der Moment auch gewählt sein mag. Allerdings sollten Sie seine praktischen und auf Effektivität ausgerichteten Lösungsvorschläge dann auch umgehend befolgen. Alles andere betrachtet er als unsinnig oder gar beleidigend. Wenn Sie jemanden brauchen, der Ihnen einfach nur zuhört, gehen Sie woandershin – kein Widder-Mann hört auf Dauer einfach zu. Wenn Sie sich ausführlich bei ihm ausweinen wollen, wird ihm das vielleicht hin und wieder schmeicheln. Kommt dies allerdings regelmäßig vor, gehen Sie ihm damit nur auf die Nerven. Für schöngeistige und philosophische Diskussionen ist er nur ganz selten zu begeistern. Die Dinge müssen Hand und Fuß haben und nutzbringend sein, alles andere ist Zeitverschwendung, meint er.

Kritik

Widder-Männer vertragen Kritik nur sehr schlecht – am wenigsten die von ihren Frauen und Kindern. Entschuldigungen werden von den meisten als ein Zeichen von Schwäche empfunden, und so können Sie lange warten, bis er einmal einen Fehler offen zugibt. Das heißt jedoch noch lange nicht, daß er ihn nicht einsehen würde oder daß ihm sein falsches Verhalten nicht leid täte. Er wird sich eine Menge kleiner Gesten einfallen lassen, um den von ihm angerichteten Schaden wiedergutzumachen. Wenn Sie ihn nicht zur offenen Kapitulation zwingen, wird er es Ihnen doppelt danken.

Entgegen einer verbreiteten Meinung kommandiert ein Widder andere nicht gern herum, zumindest nicht in seiner Freizeit. Ihm liegt nichts daran, daß seine Frau und seine Kinder vor ihm kuschen. Im Gegenteil: Sie sollen freiwillig seiner Meinung sein. Falls Sie andere Ansichten als er vertreten, wird er das sicher überleben, wenn auch zähneknirschend. Allzu schnell fühlt er sich in Frage gestellt, so daß abweichende Meinungen Selbstzweifel provozieren, die er sich nicht eingestehen mag und die anderen lächerlich vorkämen. Am wichtigsten ist ihm jedoch, daß seine Lieben nicht rückgratlose Mitläufer sind.

Auseinandersetzung

Eine streitbare Partnerin, die zu sich steht und auch ohne ständigen männlichen Begleitschutz ihr Leben meistern kann, ist ihm allemal lieber als ein willfähriges Weibchen, das sich selbst in der eigenen Wohnung verläuft. Ein wenig sucht der Widder-Mann bei der geeigneten Partnerin nach der Quadratur des Kreises, soll sie doch gleichzeitig die perfekte Geliebte und ein Kumpel zum Pferdestehlen sein. Doch solange Sie nicht den Fehler machen, ihn in Sicherheit zu wiegen und damit seinen Jagdtrieb zu wecken, wird er sich auch damit zufriedengeben, daß Sie nur in einem der beiden Bereiche vollkommen sind.

Mode

Der Widder-Mann hat es nicht mit der Kleidung, nur die wenigsten wirken elegant oder gar vornehm. Und zu Hause trägt er am liebsten einen Trainingsanzug oder irgendwelche uralten Gammelklamotten. Eigentlich macht das nichts, sieht er doch selbst im feinsten Zwirn nach ein paar Stunden so aus, als hätte er sich »frisch von der Parkbank gewälzt«. Dieses selbsterkennende Zitat stammt vom Grünen-Politiker Joschka Fischer, der ebenfalls zu den Widder-Männern gehört. Auch wenn es in vielen Fällen nicht halb so schlimm ist wie hier beschrieben, Mode und Styling bedeuten nur den wenigsten Widdern etwas. Sie legen einfach keinen besonderen Wert auf Äußerlichkeiten – zumindest was sie selbst betrifft. An ihrer Partnerin schätzen die meisten jedoch eine gepflegte Erscheinung um so mehr.

Peinlich kann es werden, wenn ein Widder-Mann versucht, sich herauszuputzen, das geht in den meisten Fällen schief. Hier hilft in aller Regel nur weibliche Unterstützung, damit Krawatte, Hemd und Jackett farblich einigermaßen zusammenpassen. Allerdings mausern sich viele in etwas späteren Jahren zu vornehmen Herren. Alle, die sie seit langem kennen, überraschen sie mit ihrem erlesenen Geschmack und ihrer exklusiven Kleidung. Den

Grund für diese recht häufige Richtungsänderung wissen nur die Widder-Männer selbst, wenn überhaupt.

Falls Sie einen Widder-Mann kennen oder sich gar in einen verliebt haben, der überhaupt nicht dem hier beschriebenen Bild entspricht, dann haben Sie wohl ein Schaf erwischt. Widder, denen bereits in der Kindheit jegliches Selbstwertgefühl zerstört wurde, denen schon die Mutter jede Eigeninitiative nahm, sind als Erwachsene lammfromm und gar nicht aufregend. So sieht es zumindest aus.

Nun, wenn Sie für einen solchen Menschen Sympathien hegen, wird schon etwas an ihm dran sein. Vielleicht haben Sie auch einfach gespürt, daß weit mehr in ihm steckt, als auf den ersten Blick zu merken ist. Hier lohnen sich ein bißchen Geduld und seelischer Zuspruch. Hat er erst einmal begriffen, daß der Mann Ihrer Träume kein handzahmer Leisetreter ist, dürfen Sie mit so mancher erfreulichen Überraschung rechnen. Denn die Energie und der Kampfgeist eines Widders lassen sich zeitweise unterdrücken, aber nicht beliebig lange. Es bedarf nur der richtigen Herausforderung, der geeigneten Chance oder der richtigen Partnerin, um aus einem traurigen Schaf einen lebenslustigen Widder zu machen.

Möglichkeiten

»Widder-Kinder« wollen die Welt entdecken

Die Bedeutung des Geburtstages

Das folgende Kapitel behandelt die einzelnen Geburtstage, die in Gruppen von jeweils drei Tagen zusammengefaßt sind. Dies erlaubt eine wesentlich persönlichere Deutung, als es über das Tierkreiszeichen allein möglich wäre. Wenn Sie die Aussagen zu den jeweiligen Geburtstagen mit dem, was Sie über das Tierkreiszeichen Stier gelesen haben, kombinieren, werden Sie die Stier-Persönlichkeit mit Sicherheit noch besser getroffen finden.

Ergänzender Hinweis: Die in den Geburtstagsgruppen gemachten Aussagen leiten sich von den sogenannten »Kritischen Graden« ab. Diese kommen in unterschiedlicher Häufigkeit über den gesamten Tierkreis verteilt vor. Wenn Sie also – etwa beim gründlichen Vergleich verschiedener Bände aus dieser Reihe – zu unterschiedlichen Daten den gleichen Text vorfinden sollten, ist dies kein Fehler, sondern Absicht. Bei diesen Menschen stand die Sonne zum Zeitpunkt der Geburt eben auf dem gleichen »Kritischen Grad«.

20. bis 23.3. (29 Grad Fische bis 1 Grad Widder)

Unerschütterliches Vertrauen

Wer in diesen Tagen geboren wurde, besitzt ein unerschütterliches Vertrauen der Welt und dem Leben gegenüber. Mancher mag diese Menschen gar für naiv halten, weil sie einfach nicht bereit sind, sich durch Rückschläge entmutigen zu lassen. Doch das ist nur der Neid der Pessimisten.

Ein solcher Widder wird so gut wie niemals in eine Lebenslage kommen, die er nicht meistern könnte, so schwer sie auch sein mag. Wenn den an diesen Tagen Geborenen etwas mißlingt, probieren sie es einfach so lange aufs neue, bis es klappt. Sie besitzen die besondere Fähigkeit, die eigenen Grenzen erkennen zu können: Dinge, die einem nicht liegen oder die einen überfordern, werden gar nicht erst ins Auge gefaßt. So ist der Erfolg bei allem, was sie beginnen, fast schon garantiert. Allerdings besteht oft auch eine gewisse Abneigung gegen Anstrengungen, zumindest solange sie nicht unbedingt notwendig sind. Nur wenige Menschen mit dieser Konstellation lieben kräftezehrende Hobbys, dafür sind sie einfach zu bequem. Auch bei der Arbeit achten sie darauf, daß sie sich nicht überanstrengen, was ihnen allerdings längst nicht immer in dem Umfang gelingt, wie sie sich dies wünschen würden. Besser als die meisten anderen Menschen können sie sich blitzschnell auf neue Situationen einstellen. Spontane Entscheidungen und Unternehmungen lieben sie besonders. All diese Umstände bewirken, daß sie in Ausbildung und Beruf in vielen Fällen ihre Chancen nicht völlig ausschöpfen, sondern sich mit weniger zufriedengeben, als möglich wäre. Dennoch verschafft ihnen das im Leben nur in den seltensten Fällen Nachteile. Sie lieben viel zu sehr die Abwechslung, als daß sie Freude an einer zehnjährigen Berufsausbildung mit anschließendem Praktikum finden könnten. So üben auch nur wenige ein Leben lang den

Spontaneität

gleichen Beruf aus. Wo dies der Fall ist, bietet er so viel Abwechslung und neue Herausforderungen, daß Langeweile kaum aufkommen kann.

Abneigung gegen Gewalt

Besonders sympathisch macht diese Personen ihre instinktive Abneigung gegen alle Formen von Gewalt. Wer in diesen Tagen Geburtstag hat, gehört zu den friedlichsten Menschen auf diesem Planeten. Lediglich wenn man sie oder ihre Lieben angreift, kann sie ein heiliger Zorn packen, wobei der Überraschungseffekt auf ihrer Seite ist: Das Gegenüber hätte ihnen eine solche Reaktion nie zugetraut und ist deshalb schon überrumpelt, bevor es die Situation überhaupt erfassen konnte.

Beschwerden

Vor allem Frauen, die an diesen Tagen geboren wurden, neigen überdurchschnittlich oft zu Eisenmangel und Kreislaufstörungen, besonders zu niedrigem Blutdruck. Hier kann ein mäßiges, aber regelmäßiges Kreislauftraining wie Schwimmen, Laufen oder Radfahren wahre Wunder wirken.

23. bis 25.3. (2 bis 4 Grad Widder)

Empfindsamkeit

Wer an einem dieser Tage geboren wurde, gehört zu den empfindsamsten Vertretern seines Tierkreiszeichens. Es gibt kaum eine Regung in seiner Umwelt, die ihm entgehen könnte. So wissen die Betreffenden auch über das, was in ihrem Partner vor sich geht, oft schneller und besser Bescheid als er selbst. So schön es für denjenigen ist, mit jemandem zusammenzusein, der ihn blind versteht und entsprechend auf ihn eingehen kann, so hat diese Konstellation doch nicht nur Vorteile: Schließlich hat jeder seine kleinen Geheimnisse, die er gern für sich behalten möchte. Wer sich permanent durchschaut fühlt, reagiert auch einmal mit deutlichem Unbehagen oder wird sogar regelrecht wütend. Die in diesen Tagen Geborenen fühlen sich durch solche Reaktionen zu Recht verletzt und gekränkt, schließlich können sie nichts für ihren Spürsinn, und sie haben es nur gut gemeint. So lernen diese Widder früh, ihre Fähigkeiten, so gut es geht, vor anderen und schließlich sogar vor sich selbst zu verstecken.

Selbstkritik

Viele Menschen mit dieser Konstellation unterschätzen sich und ihre Fähigkeiten. Häufig ist die Ursache hierfür im Elternhaus zu suchen, wo vielleicht zuwenig Nestwärme vorhanden war oder – was oft der Fall ist – zuviel Kritik geübt wurde. Das Resultat ist leider in vielen Fällen eine überkritische Einstellung sich selbst gegenüber: Niemals ist man mit sich und dem, was man erreicht hat, zufrieden. In – glücklicherweise seltenen – Extremfällen kann das in einem regelrechten Selbsthaß gipfeln, der jede Lebensfreude im Keim erstickt. Insbesondere bei Frauen kann dies sogar zu gesundheitsschädlichen Eßstörungen führen. In Freundschaften und Beziehungen ist es deshalb für sie besonders wichtig, daß man ihnen Anerkennung und emotionale Unterstützung entgegenbringt. Wenn sie spüren, daß sie jemand wirklich mag und akzeptiert, kennt ihre Dankbarkeit kaum Grenzen, auch wenn sie sich dies selbst vielleicht nicht eingestehen können. Aus Angst, verletzt zu werden, fällt es ihnen oft schwer, anderen zu zeigen, was sie für sie empfinden. Ist jedoch erst einmal das Eis gebrochen, sind sie ausgesprochen stürmisch und leidenschaftlich. Allerdings dauert es recht lange, bis sie einem anderen Menschen uneingeschränkt vertrauen, und der kleinste Mißklang kann dazu führen, daß sie sich wieder in ihr Schneckenhaus zurückziehen. Ihr Gefühlsleben gleicht manchmal einer Achterbahn, schlechte Stimmungen schlagen schnell in gute um und umgekehrt.

Mißtrauen

Sie lieben es, aktiv zu sein, sind meist sportlich und ehrgeizig. Solange ihnen ihre Launen nicht in die Quere kommen, können sie in kurzer Zeit Außergewöhnliches leisten. Sogar harte Arbeit kann ihnen Spaß machen und Selbstbestätigung geben.

So vorsichtig sie auch normalerweise vorgehen, in wichtigen Lebenssituationen neigen sie zu vorschnellen Entscheidungen, dies gilt sowohl für den Beruf als auch für Partnerschaften. Hier kostet es oft viel Kraft und Ausdauer, um einmal gemachte Fehler zu korrigieren. Zum Glück haben sie von beidem mehr als genug.

Aufgaben

Viele Menschen mit dieser Konstellation besitzen unentdeckte künstlerische, ästhetische und organisatorische Fähigkeiten, die sie fördern und entwickeln sollten. Auf diese Weise können sie einen Ausgleich zu ihren alltäglichen Belastungen schaffen.

26. bis 28.3. (5 bis 7 Grad Widder)

Menschen, die an einem dieser Tage geboren wurden, haben meist Großes im Leben vor, und oft erreichen sie es auch. Freunde, Partner,

Verwandte und Konkurrenten können keinen größeren Fehler begehen, als sie zu unterschätzen. Im Glücksfall werden sie angenehm überrascht ihre Meinung ändern, im schlimmsten Fall ihre Fehleinschätzung bitter bereuen. Viele der in diesem Zeitraum Geborenen besitzen einen besonders ausgeprägten Geschäftssinn, und nichts macht ihnen mehr Freude als kaufen und verkaufen. Die größte Schwierigkeit bei ihren hochfliegenden Plänen ist die schmerzhafte, aber unvermeidliche Einsicht, daß man bei allen Dingen im Leben am Anfang beginnen muß. Dabei stecken sie voller Ideen, was sie alles machen werden, wenn sie erst einmal »oben« sind. Ihr Problem ist nicht, ihr Ziel aus den Augen zu verlieren – das haben sie ständig vor sich –, sondern die Mühe auf sich zu nehmen, all die kleinen, mühseligen Schritte dorthin zu unternehmen. Eigentlich fühlen sie sich ja zu Höherem berufen. Die größte Falle ist für sie daher, sich für die notwendigen Lehrjahre zu fein zu sein. Den Menschen, die diesen Fehler begehen, bleibt nichts als ihre große Vision – an eine Verwirklichung ist nicht mehr zu denken.

Ausgeprägter Geschäftssinn

Beeindruckend sind die Überzeugungskraft und der Charme der an diesen Tagen Geborenen. Diese Kombination macht sie für viele regelrecht unwiderstehlich, so daß es ihnen so gut wie immer gelingt, Mitstreiter für ihre Projekte zu gewinnen.

Überzeugungskraft

Im Umgang mit anderen sind sie großzügig und tolerant, solange niemand ihren Führungsanspruch in Frage stellt. Wer dies probiert, kann unter Umständen ein blaues Wunder erleben. Sobald jemand versucht, ihnen die Butter vom Brot zu nehmen, kämpfen sie wie die Löwen, und sie verlieren so gut wie nie.

Ihre oft außerordentlichen Fähigkeiten und ihre Wirkung auf andere können zu Überheblichkeit und Selbstüberschätzung führen, eine der größten Gefahren dieser Konstellation. Dann werden Risiken eingegangen, die in Extremfällen in einer Katastrophe enden können. Deshalb sind für sie Freunde und Partner wichtig, die sie nicht nur hemmungslos bewundern, sondern ihnen mit konstruktiver Kritik helfen, »auf dem Teppich« zu bleiben.

Viele Menschen mit dieser Konstellation haben eine besondere Affinität zum Ausland. Das kann sich darin äußern, daß sie so oft wie möglich in die Ferne reisen, daß sie berufliche Verbindungen zum Ausland haben oder daß Freunde oder der Partner aus einem anderen Kulturkreis stammen.

Beschwerden

Leber, Dickdarm und Zähne sind bei vielen Menschen, die in diesen Tagen geboren wurden, Schwachpunkte. Sie sollten deshalb zurückhaltend im Alkoholkonsum sein und auf eine gesunde Ernährung achten.

29. bis 31.3. (8 bis 10 Grad Widder)

Kommunikationstalent

Wer an einem dieser Tage geboren wurde, hat oft ein außergewöhnliches Kommunikationstalent. Die meisten von ihnen reden viel und gern. Da sie in der Tat auch etwas mitzuteilen haben und dabei auch noch unterhaltsam und amüsant sein können, hört man ihnen meist auch bereitwillig zu. Nicht immer und nicht allen gelingt es allerdings, das richtige Maß einzuhalten, so daß mancher übersieht, daß sein Gegenüber gelegentlich auch gern einmal etwas sagen würde.

Unter den Menschen mit dieser Konstellation finden sich häufig geborene Lehrer: Keiner kann so gut wie sie schwierige Zusammenhänge allgemeinverständlich erklären. Ihre Begeisterung für ein Thema ist dabei durchaus ansteckend, so daß ihre Schüler auch tatsächlich bei der Sache sind und nicht nur gelangweilt das Ende der Stunde abwarten.

Diejenigen unter ihnen, die keine solchen Kommunikationsathleten sind, haben häufig eine Vorliebe für das Schreiben, gleichgültig, ob es sich dabei um Briefe, das Tagebuch, Gedichte oder einen Roman handelt.

Verständnis

Besser als die meisten anderen Menschen sind sie in der Lage, Gefühle ausdrücken und sich in das Seelenleben anderer hineinversetzen zu können. So nimmt es nicht wunder, daß, wer in ihrer Umgebung Kummer hat, bei ihnen Verständnis und Trost sucht. Da sie immer bereit sind, anderen zu helfen, bleibt ihnen häufig kaum noch genügend Raum für ihr Privatleben. Oft bedarf es deutlicher Worte des Partners oder enger Freunde, damit sie lernen, sich ausreichend abzugrenzen.

So gut wie alle Menschen mit dieser Konstellation besitzen eine außergewöhnliche geistige Beweglichkeit und eine hohe Intelligenz.

1. bis 3.4. (11 bis 13 Grad Widder)

Glückskinder

Menschen, die an einem dieser Tage geboren wurden, sind die typischsten Vertreter ihres Zeichens. Die meisten von ihnen sind regelrechte Glückskinder. Was sie anpacken, gelingt ihnen auch so gut wie immer. Die Schwierigkeiten in ihrem Leben scheinen nur dafür dazusein, daß sie sich beweisen können, daß es kaum etwas gibt, mit dem sie nicht fertig werden. Diese Menschen brauchen regelrecht große Herausforderungen, um sich selbst zu bestätigen und an ihnen zu wachsen. Ein Leben, das allzusehr in überschaubaren Bahnen verläuft, gibt ihnen nicht das Gefühl von Sicherheit, sondern sie langweilen sich schlicht zu Tode. Mancher geht in solchen Situationen unnötige Risiken ein. Das können gefährliche Sportarten, der Hang zu Glücksspiel oder gar illegale Aktivitäten sein. Und das alles nur, um sich ein wenig Nervenkitzel zu verschaffen. Wenn diese Menschen dann einige Jahre später zurückblicken und sich an ihre »Jugendsünden« erinnern (die durchaus nicht nur in der Jugendzeit begangen werden), erschrickt so mancher nachträglich und ist baß erstaunt darüber, trotz eines so sträflichen Unsinns mit heiler Haut davongekommen zu sein. Viel einfacher sind diejenigen dran, die ihre überschießende Lebensenergie schon frühzeitig in konstruktive Bahnen lenken konnten. Menschen, die ihre berufliche Laufbahn auf der Überholspur machten, sind überdurchschnittlich häufig an diesen Tagen geboren. Ihre zahlreichen Erfolge sind niemals etwas, das sie auf Dauer befriedigen könnte, sondern lediglich Etappen auf einem Lebensweg, der kein endgültiges Ziel zu kennen scheint. Diese Widder-Geborenen müssen darauf achten, daß sie sich und ihren Angehörigen auch einmal ein wenig Muße gönnen. Denn was nützen Erfolg und Wohlstand schon,

Erfolg

wenn man sich nicht die Zeit nimmt, diese auch einmal zu genießen?

Toleranz

In Beziehungen verlangen sie ihrem Partner ein hohes Maß an Toleranz ab. Das macht eine Lebensgemeinschaft oder eine Ehe nicht einfacher. Denn nicht jeder ist dafür geschaffen, mit einem derartigen Energiebündel umgehen zu können. Wer es allerdings mit ihnen aushält, wird dafür mehr als reichlich belohnt: In puncto Großzügigkeit und Hilfsbereitschaft nimmt es so schnell keiner mit ihnen auf.

4. bis 6.4. (14 bis 16 Grad Widder)

Kontaktfreudigkeit

Wer an einem dieser Tage geboren wurde, für den ist das Wort »Einsamkeit« scheinbar ein Fremdwort. Diese Menschen brauchen bloß vor die Tür zu gehen, und schon lernen sie jemanden kennen, oder sie treffen einen alten Bekannten. Es scheint eine fast magische Ausstrahlung von ihnen auszugehen, so daß nahezu jeder, der mit ihnen in Berührung kommt, auch mit ihnen zu tun haben möchte. Dieser Effekt ist viel zu intensiv, als daß er ihnen verborgen bleiben könnte. Schon früh in ihrem Leben lernen sie, mit ihrer besonderen Ausstrahlung umzugehen: Wer auf sie zugeht, erhält eine freundliche, aber völlig unverbindliche Reaktion. Je mehr jemand den Kontakt zu ihnen sucht, um so geschickter entziehen sie sich. Dabei werden sie sich hüten, jemanden vor den Kopf zu stoßen oder ihm einfach zu sagen, daß sie an ihm nicht interessiert sind. Sie verstecken sich einfach immer mehr hinter ihrer äußeren Fassade. Damit werden sie natürlich stetig undurchschaubarer und geheimnisvoller und damit erst recht interessant und begehrenswert. Dieser Umstand öffnet ihnen alle Türen. Ob im Beruf oder im Privatleben, sie haben immer die richtigen Beziehungen, um das zu bekommen, was sie wollen. Insgeheim leiden sie jedoch auch unter diesem Umstand. Schließlich wollen sie sich beweisen, daß sie aus sich heraus, allein und ohne fremde Hilfe, ihr Leben meistern und ihre ehrgeizigen Ziele erreichen können. Doch wem die Tür geöffnet wird, der macht sich nur selten die Mühe, sie wieder zu schließen, um sie anschließend eintreten zu können. So leidet mancher heimlich unter Minderwertigkeitsgefühlen, da ihm jede echte Selbstbestätigung fehlt: Es sind immer die anderen, die ihm Anerkennung geben. Doch was nützt das, wenn man sich dabei im Grunde seines Herzens wie ein Falschspieler vorkommt?

Aufgabe

Sosehr sie vom Schicksal bevorzugt sind, so schwierig ist es für sie, ihre Lebensaufgabe zu meistern: nämlich eine Persönlichkeit zu entwickeln, die sich Ziele setzt, die nur im Alleingang zu erreichen sind. Nur so läßt sich die Angst vor Intimität und emotionaler Nähe überwinden, nur so kann echte Partnerschaftsfähigkeit erlernt werden.

7. bis 9.4. (17 bis 19 Grad Widder)

Genießernatur

Wer an einem dieser Tage Geburtstag hat, ist meist eine echte Genießernatur. Die angenehmen Seiten des Lebens üben einen unwiderstehlichen Reiz auf die Betreffenden aus. Und wenn sie ehrlich sind, geben sie auch gern zu, daß sie gar kein Bedürfnis danach haben zu widerstehen. Allerdings sieht man vielen von ihnen ihre Vorliebe für gutes Essen und Trinken mit der Zeit auch an, ein Umstand, der sie nicht kaltläßt. Schließlich sind sie Ästheten, und sie wollen nicht nur schöne Dinge um sich herum haben, sie wollen auch selbst schön sein.

Ihre grundsätzliche Lebenseinstellung ist: leben und leben lassen. Die meisten von ihnen sind erstaunlich gutmütig; es liegt ihnen kaum daran, in Wortgefechten zu obsiegen oder immer das letzte Wort zu behalten. Im Gegenteil: Sie sind beeinflußbar und immer bereit, sich von anderen inspirieren zu lassen. Wird ihre Gutmütigkeit allerdings allzu offensichtlich ausgenutzt, können sie zu Furien werden. Ehrgeiz plagt sie nur so lange, bis sie eine Lebenssituation geschaffen haben, in der sie es sich behaglich einrichten können. Ab dann bedeuten ihnen Freizeit und das Zusammensein mit Freunden mehr als gesellschaftliche Anerkennung, Karriere oder gar Ruhm.

Gutmütigkeit

Häufig besteht eine künstlerische Begabung. Dies gilt vor allem für die Musik. So besitzen viele Kunst- und Musikkritiker diese Konstellation. Doch auch Feinschmecker und Weinkenner sind besonders häufig vertreten. Viele von ihnen können selbst hervorragend kochen. Manche werden aktive Künstler, sei es in der Musik, der Malerei, der bildenden Kunst, dem Theater oder dem Tanz. In solchen Fällen kommt es häufig eher zufällig oder fast gegen ihren Willen zu einer Karriere: Wenn sie von einer Sache völlig begeistert sind, vergessen sie einfach ihren Hang zum bequemen Leben, und bei entsprechendem Talent stellt sich der Erfolg fast zwangsläufig ein.

Künstlerische Begabung

10. bis 12.4. (20 bis 22 Grad Widder)

Die Menschen, die an diesen Tagen geboren wurden, zeichnen sich fast immer durch eine besondere Geradlinigkeit aus. Sie leben nicht in den Tag hinein, sondern verfolgen hochgesteckte und ehrgeizige Ziele. Dafür sind sie auch bereit, Opfer in Kauf zu nehmen. Es ist nicht ungewöhnlich, daß sie bereits als Kinder oder Jugendliche wissen, welchen Beruf sie einmal ergreifen wollen; und was sie sich in den Kopf gesetzt haben, das erreichen sie auch. Meist sind sie zurückhaltend und ernsthaft, so daß sie mancher unterschätzt. Wer jedoch einen zweiten Blick riskiert, merkt schnell, daß ihnen einfach nichts daran liegt, sich vorteilhaft in Szene zu setzen. Immer geht es ihnen um die Sache und nicht um die Show. So sind sie besser als andere Menschen in der Lage, Situationen sachlich zu beurteilen. Ungefragt werden sie ihre Ansichten nur selten mitteilen, aber es lohnt sich immer, sie danach zu fragen. Ihr ausgeprägter Gerechtigkeitssinn macht sie zu guten Anwälten im wörtlichen und übertragenen Sinne des Wortes. Wenn sie für eine gute Sache kämpfen, können sie eine unerwartete Begeisterungsfähigkeit und Überzeugungskraft entwickeln. In Verbindung mit ihrer Zähigkeit sind dies optimale Voraussetzungen, um ihre Interessen durchzusetzen.

Geradlinigkeit

Sachlichkeit

Menschen, die an diesen Tagen geboren wurden, brauchen oft länger als andere, um persönliche und berufliche Entscheidungen zu fällen, schließlich will alles genau überlegt sein.

Auch in Beziehungen lassen sie sich meist Zeit, bevor sie sich endgültig binden. Oft sind sie hier auch ein wenig schüchtern oder sogar unsicher. Wenn sie jedoch einmal ihr Herz verschenkt haben, sind sie treue und verläßliche Partner.

13. bis 15.4. (23 bis 25 Grad Widder)

Bewegung

Für Menschen mit dieser Konstellation gibt es nichts Schlimmeres als Stillstand und Stagnation. Immer müssen sie in Bewegung sein, sei dies nun geistig oder körperlich. So reisen sie gern und viel und nehmen ständig Veränderungen an ihrer Wohnung vor. Viele von ihnen ziehen außergewöhnlich oft um.

Sprachbegabung

In der Regel besteht eine überdurchschnittliche sprachliche Begabung. So fällt es ihnen leicht, sich schriftlich oder mündlich auszudrücken, und wer sie dumm anredet, muß mit einer »schlag«fertigen Antwort rechnen.

Oft besteht ein besonderes Interesse an Sprachen und Literatur, das sie auch beruflich zu nutzen versuchen. Dies gilt auch für ihr Interesse an Reisen. Insbesondere in jungen Jahren übernehmen sie gerne Tätigkeiten, bei denen sie »herumkommen«.

Die Ortsgebundeneren unter ihnen besitzen neben ihrem Sprach- und Kommunikationstalent auch einen guten Geschäftssinn, so daß viele erfolgreich im Handel tätig sind. Bei allem, was sie tun, ist jedoch Abwechslung das wichtigste Element. Das gilt sowohl für den Beruf als auch für die Partnerschaft. So hat mancher lange Zeit mehr Freude an der Partnersuche als an einer festen Beziehung. Haben sie sich schließlich gebunden, sind zahlreiche gemeinsame Aktivitäten das A und O für eine harmonische Verbindung. Für auf Dauer angelegte Lebensgemeinschaften ist dies sogar noch wichtiger als die erotische Anziehung. Ein allzu häusliches Gegenüber wird es mit ihnen schwerhaben, da diese Widder-Geborenen viel zu unternehmungslustig sind, um die ganze Freizeit in den eigenen vier Wänden zu verbringen. Die Gefahr wäre groß, daß der Lebenspartner die meiste Zeit mit Warten verbringt. Konflikte und Entfremdung sind damit programmiert.

Gemeinsame Aktivitäten

16. bis 18.4. (26 bis 28 Grad Widder)

Menschen, die an diesen Tagen geboren wurden, haben das Bedürfnis, die eigene Kraft in den Dienst überpersönlicher Zielsetzungen zu stellen. Sie sehnen sich daher nach Werten, für die es sich zu kämpfen lohnt.

Werte

So sind sie gern radikal und konsequent, sobald sie davon überzeugt sind, sich für das Richtige einzusetzen. Deshalb wirken sie auf ihre Umgebung manchmal ein wenig intolerant, während sie selbst eher unter dem Mangel an Entschlossenheit bei ihren Mitmenschen leiden.

Unter dieser Konstellation finden sich ungewöhnlich viele aufrechte, mutige, geradlinige und zielstrebige Persönlichkeiten, die sich nicht so schnell ins Bockshorn jagen lassen und ihre Möglichkeiten und Grenzen genau kennen.

Sie können für ihre Ziele alle Reserven mobilisieren. Durch autoritäres Gehabe, Groß-

Zielstrebigkeit

mäuligkeit und alberne Machtdemonstrationen (zum Beispiel von Vorgesetzten) lassen sie sich kaum beeindrucken.

Ausgeglichenheit

Menschen mit dieser Konstellation sind oft ausgeglichener als andere, da sie es verstehen, sich ihr Leben ihren persönlichen Neigungen und Fähigkeiten angemessen einzurichten. Sie setzen sich Ziele, die sie weder über- noch unterfordern. So verschaffen sie sich Erfolgserlebnisse, die ihnen zu einem gesunden Selbstbewußtsein verhelfen. Voraussetzung hierfür ist eine berufliche Situation, die ihren Fähigkeiten entspricht. Besonders wichtig ist ihnen eine Position, in der sie Verantwortung übernehmen können.

An ihren Partner stellen sie hohe Anforderungen, doch verlangen sie niemals mehr, als sie selbst zu geben bereit sind. Wenn es notwendig ist, bringen sie für Menschen, die ihnen etwas bedeuten, große Opfer.

19. bis 21.4. (29 Grad Widder bis 1 Grad Stier)

Krisenmanager

Diese Menschen sind die geborenen Krisenmanager. Wenn alle anderen die Nerven verlieren, ziehen sie den Karren aus dem Dreck. Fast scheint es, als ob sie in schlechten Zeiten besser zurechtkämen als in guten. Denn für Probleme fällt ihnen so gut wie immer eine Lösung ein, während sie sich oft schwertun, die angenehmen Seiten des Lebens einfach zu genießen. Es ist nicht ihre Sache, entspannt im Liegestuhl zu liegen und zu faulenzen, das empfinden sie schlichtweg als Zeitverschwendung. Wenn man sie allerdings vor Aufgaben stellt, bei denen sie Pionierarbeit leisten können, sind sie glücklich. Sie wollen dabeisein, wenn aus Ideen Realität wird, und sie möchten diejenigen sein, die daran wesentlichen Anteil haben. Sobald dies geschehen ist, verlieren sie schnell das Interesse an der Sache. Ihnen ist es wichtig, den Stein ins Rollen zu bringen, das Vermarkten und Verwalten eines Projektes überlassen sie gern anderen. Sie sind entscheidungsfreudig und übernehmen bereitwillig Verantwortung. Da sie sich sehr schnell ein Bild der Lage machen können, wirken ihre Beschlüsse auf andere oft vorschnell und übereilt. In den meisten Fällen wissen sie jedoch genau, was sie tun, und haben sich jeden Schritt exakt überlegt. Es liegt deshalb auf der Hand, daß viele Menschen mit dieser Konstellation besondere Führungsqualitäten besitzen.

Entscheidungsfreudigkeit

Führungsqualitäten

Ihnen selbst ist diese Tatsache oft durchaus bewußt, während ihre Umwelt meist eine ganze Weile braucht, um ihre Fähigkeiten zu sehen und anzuerkennen. Dies wird in vielen Fällen mit ihrer entschlossenen Art, die meist wenig diplomatisch ist, zusammenhängen. Sie mögen es nicht, den üblichen Dienstweg zu gehen, sie marschieren lieber direkt in das Büro des zuständigen Entscheidungsträgers und verhandeln persönlich. Obwohl sie mit dieser Vorgehensweise oft erfolgreich und effektiv sind, wirken sie auf andere doch ein wenig hemdsärmelig. Ihre Umwelt reagiert auf sie oft mit einer seltsamen Mischung aus Verschrecktsein, da man sich von ihrem Elan überrollt fühlt, und Ignoranz; das heißt, man nimmt sie nicht so ernst, wie sie es verdient

Anerkennung

hätten. Da ihnen persönliche Anerkennung sehr wichtig ist – auch wenn sie dies nur ungern zugeben –, hilft es, wenn sie lernen, sich ein wenig zurückhaltender und diplomatischer zu verhalten.

Der ideale Partner für sie ist eine Persönlichkeit mit einem ausgeglichenen Temperament, viel Verständnis und Toleranz sowie ganz klaren Prinzipien.

Welcher Mond-Typ ist der Widder?

Jeder Mensch hat neben seinem Sonnen- auch ein Mondzeichen. Das Zeichen, in dem die Sonne steht, spiegelt unser Handeln wider, während das Mondzeichen Auskunft über unser Gefühlsleben gibt. Sie können also zum Beispiel ohne weiteres gleichzeitig Widder(-Sonne) und Krebs(-Mond) sein.

Gefühlsleben

Gerade wenn Sie einigen Aussagen zum typischen Widder gar nicht recht folgen können, sollten Sie einmal unter dem Mondzeichen des Betreffenden nachschauen. In vielen Fällen werden Sie hier die Erklärung finden, warum und in welcher Weise er sich von anderen Widdern unterscheidet.

Individuelle Horoskopdeutung

Für eine individuelle Horoskopdeutung ist das Mondzeichen eigentlich noch wichtiger als das Sonnenzeichen. Der Grund, warum das Mondzeichen längst nicht so bekannt ist und dementsprechend auch nicht ausreichend gewürdigt wird, liegt wie gesagt einfach an einem technischen Problem: Während Sie Ihr Sonnenzeichen leicht über Ihr Geburtsdatum feststellen können, ist dies beim Mondzeichen nicht so einfach.

Hier wurden bisher Spezialtabellen, sogenannte Ephemeriden, benötigt, oder man bediente sich eines Computerprogramms. Mit Hilfe der Tabelle im Anhang (»Die Bestimmung des Mondzeichens«) können Sie allerdings sehr leicht das persönliche Mondzeichen des Widders feststellen.

☽

Widdermond

Wenn sowohl die Sonne als auch der Mond im Zeichen des Widders stehen, betont dies natürlich die Qualität dieses Tierkreiszeichens ungemein. Diese Menschen sind also in vielfacher Hinsicht besonders typische Vertreter ihres Zeichens.

Impulsives Temperament

Die Kombination von Sonne und Mond im Widder weist auf ein ausgesprochen impulsives Temperament hin, das mit der nicht unproblematischen Neigung verbunden ist, in vielen wichtigen Lebenssituationen zuerst zu handeln und anschließend zu denken. Nicht immer entspricht das Ergebnis den eigenen Wünschen, und oft würde man manches ungeschehen machen wollen. Doch bevor diese Menschen großartig zum Nachdenken kommen, haben sie sich schon wieder in das nächste Abenteuer gestürzt, so daß für lange Reue oder Melancholie gar keine Zeit bleibt.

Eigenverantwortung

Wer unter dieser Zeichenkombination geboren wurde, weiß, daß er für sich und seine Handlungen selbst verantwortlich ist – mehr noch: Ihm ist instinktiv bewußt, daß er, wenn es einmal hart auf hart kommt, sich auf die Hilfe anderer nicht unbedingt verlassen kann. Das macht den Umgang mit solchen Widdern in aller Regel unkompliziert – trotz ihrer Ecken und Kanten –, denn nichts ist ihnen unangenehmer, als jemandem zur Last zu fallen. Nur selten werden sie andere für eigene Fehler verantwortlich machen, und so nehmen sie es auch gelassen hin, wenn ihre Mitmenschen über ihren Eigensinn gelegentlich den Kopf schütteln. Schließlich ist es ihr Leben, und sie sind nicht auf der Welt, um es allen recht zu machen.

Die entwickelten Persönlichkeiten unter ihnen zeichnen sich durch besondere Hilfsbereitschaft aus, die sie nicht an die große Glocke hängen, auch erwarten sie keinen besonderen Dank. Es fällt ihnen schwer, Hilfe anzunehmen, wenn sie selbst einmal in Schwierigkeiten geraten. Sie haben an sich den Anspruch, mit allen Problemen des Lebens aus eigener Kraft fertig zu werden, und sind deshalb oft zu stolz, andere um Rat oder gar um finanzielle Unterstützung zu bitten. Für diese Menschen ist es eine echte Lernaufgabe, zu begreifen, daß es kein Zeichen von Schwäche ist, zuzugeben, wenn man einmal mit seinem Latein am Ende ist, im Gegenteil. Wenn sie bereit sind, von ihrer Einzelkämpferideologie ein wenig abzurücken, und statt dessen etwas mehr Teamgeist entwickeln, können sie ihre Ziele leichter und erfolgreicher verwirklichen, wovon wiederum die Menschen, die ihnen nahestehen, profitieren.

Hilfsbereitschaft

Stiermond

Bei Widdern dieser Konstellation kommen unüberlegte und impulsive Handlungen wesentlich seltener vor als bei anderen Widder-Geborenen. Bevor sie aktiv werden, prüfen sie die Dinge auf ihren praktischen Nutzen, ist ein solcher nicht erkennbar, rühren sie sich erst gar nicht.

Geld

Widder haben im allgemeinen kein gutes Verhältnis zum Geld, nicht, daß sie es nicht zu würdigen wissen, wenn sie wohlhabend sind oder gut verdienen, aber materieller Besitz ist ihnen einfach zu wesensfremd, als daß sie ihn als einen Wert an sich schätzen könnten. So ist denn meistens das Geld auch genauso schnell wieder ausgegeben, wie es hereinkommt. Folgerichtig gelingt es nur wenigen, sich in guten Zeiten nennenswerte Ersparnisse zurückzulegen. Tun sie es dennoch, so verlieren sie in aller Regel ihre Rücklagen durch ungeschickte Spekulationen. Eine Ausnahme sind hier jedoch die Stiermond-Geborenen, die man scherzhaft als »Jagdhamster« bezeichnen könnte. Mit der Instinktsicherheit und dem Durchsetzungsvermögen des Widders wissen sie ihren Vorteil zu nutzen und sich das anzueignen, was sie haben wollen. Dies gilt für den Sitzplatz in der Straßenbahn genauso wie für die Partnerschaft oder den Beruf. Wenn sie haben, was sie wollten, tun sie jedoch alles, um es nicht wieder zu verlieren. Im Gegenteil: Vielmehr geht es darum, einmal erlangte Vorteile zu erhalten und zu mehren. Wenn Sie einen Widder kennen sollten, der Großverdiener ist und nach wie vor in einer kleinen Zweizimmerwohnung lebt, ein zwanzig Jahre altes Auto fährt und Anzüge trägt, die bereits in seiner Jugendzeit aus der Mode waren, dann wird sein Mond höchstwahrscheinlich im Stier stehen. Lediglich beim Steinbockmond sind ähnlich sparsame Tendenzen möglich.

Sparsamkeit

Das heißt nicht, daß diese Menschen geizig wären. Zumindest Persönlichkeiten auf einem etwas höheren Entwicklungsniveau werden sich nicht scheuen, Freunden, wenn Not am Mann ist, großzügig unter die Arme zu greifen. Allerdings haben sie keinerlei Verständnis für Verschwendungssucht und werden diese deshalb auch nicht unterstützen, auch nicht bei ihren besten Freunden, das ist einfach gegen ihre Prinzipien.

Beruf

Die Praxis hat gezeigt, daß viele erfolgreiche Immobilienmakler diese Konstellation besitzen. Das gilt für alle Berufe, die mit dem Verwalten oder dem An- und Verkauf von Grundbesitz zu tun haben.

☽

Zwillingsmond

Es gibt keine besseren Verhandlungspartner. Wenn Sie jemanden brauchen, der Ihnen hilft, einen anderen von einer Sache zu überzeugen, suchen Sie sich jemanden mit dieser Konstellation. Er kann glaubhafter Positionen vertreten, von denen er im Grunde nicht die geringste Ahnung hat, als mancher Experte. Doch vergessen Sie dabei nicht: So leicht, wie er etwa einen Geschäftspartner für Sie überzeugen kann, so leicht wird es ihm auch fallen, Sie selbst um den Finger zu wickeln.

Mitteilungsbedürfnis

Nichts macht Menschen mit dieser Konstellation glücklicher, als wenn sie sich anderen mitteilen können, sei es mündlich oder schriftlich. Da sie mehr Gedanken zu vermitteln haben, als ein normales Gegenüber verkraften kann, schafft hier nur ein großer Freundeskreis oder ein passender Beruf Abhilfe. So nimmt es nicht wunder, daß viele mit dieser Konstellation erfolgreich und gern einer Lehrtätigkeit nachgehen.

Sport

Zwillingsmond-Geborene, die nicht zum Typus des Kommunikationsathleten gehören, verfügen oft über eine außerordentliche sportliche Begabung. Für diese Menschen ist regelmäßiges Training häufig die Voraussetzung für ihr seelisches und körperliches Gleichgewicht, da für ihre überschießende seelische und physische Energie auf diese Weise ein Ausgleich geschaffen wird. Die Praxis hat gezeigt, daß diese Konstellation oft unter Allergien leidet, insbesondere im Atemwegsbereich, die auf diese Weise bis zur Beschwerdefreiheit gemildert werden können.

☽

Krebsmond

Gutmütigkeit

Neben den Fischemond-Geborenen sind dies die gutmütigsten Vertreter ihres Tierkreiszeichens. Solange Sie die Gefühle des Krebsmonds nicht verletzen und er die Ihrigen nachvollziehen kann (und es gibt nur wenig, wofür ein Krebsmond nicht Verständnis aufbringen könnte), wird er sich noch nicht einmal wehren, wenn Sie ihm die Haare vom Kopf fressen. Die größte Dummheit, die Sie begehen können, ist, ihn deshalb für einen naiven Trottel zu halten. Sie müssen überhaupt nichts tun, es reicht völlig aus, wenn Sie so etwas denken: Der Krebsmond wird es merken. Und die Folgen sind furchtbar. Ehe Sie sich versehen, hat er Sie an allen Ihren wunden Punkten gleichzeitig getroffen, an allen, die Sie schon kannten und sorgsam zu verstecken suchten, und an einigen mehr, von denen Sie bis jetzt noch gar nicht wußten, daß es wunde Punkte sind. Der Krebsmond ist der Gefühlsseismograph unter den Tierkreiszeichen, keine seelische Regung in seiner Umgebung entgeht ihm, und er merkt sie sich alle. Solange Sie seine Gefühle nicht verletzen, haben Sie, wie gesagt, den gutmütigsten Menschen der Welt vor sich, anderenfalls nimmt er Ihr Selbstwertgefühl auseinander wie ein Metzger ein Stück Fleisch.

Empfindsamkeit

Allzusehr sollten Sie sich durch diese Darlegungen nicht erschrecken lassen, denn Krebsmond-Geborene sind nicht nachtragend. Sobald Sie Ihren Fehler eingesehen haben, sind sie die ersten, die bereit sind, das Ganze zu vergessen.

Wenn Sie einen solchen Menschen von etwas überzeugen oder zu einer Sache überreden wollen, werden Sie mit den üblichen Argumenten eher wenig ausrichten. Falls er sich nicht gerade in großen finanziellen Schwierigkeiten befindet, wird Geld allein ihn kaum umstimmen können. Auch Prestige, sozialer Status oder Abenteuerlust werden für ihn nur selten bestimmende Motive sein. Wenn Sie jedoch glaubhaft machen können, daß andere ohne die Hilfe und Unterstützung des Krebsmondes aufgeschmissen wären, wird ihm ein »Nein« ausgesprochen schwer fallen. Sein soziales Gewissen ist viel zu ausgeprägt, als daß er leichten Herzens andere in der Patsche sitzenlassen könnte. Aber denken Sie daran: Wenn Sie mit den Gefühlen eines Krebsmon-

Soziales Gewissen

des spielen, geht der Schuß fast immer nach hinten los!

Häuslichkeit

Menschen mit dieser Konstellation sind häuslicher als andere Widder: Die Geborgenheit in der Familie und der Schutz in den eigenen vier Wänden liegen ihnen ganz besonders am Herzen. Viele von ihnen sind sogar ausgesprochen gute Köche, was bei den übrigen Widdern eher die Ausnahme ist.

So sind sie denn auch bereit, alle Vorschläge genau zu prüfen und zu überdenken, die ihrer Familie nutzen oder ihre Wohnsituation entscheidend verbessern können.

Selbstzweifel

Krebsmond-Geborene sind in ihrer persönlichen und beruflichen Umgebung aufgrund ihres Einfühlungsvermögens oft außerordentlich beliebt, ohne daß sie darum viel Aufhebens machen würden. Im Gegenteil: Meist ist ihnen gar nicht bewußt, wie gut sie bei anderen ankommen. Mehr als andere Widder neigen sie zu Selbstzweifeln, die sie jedoch in der Regel konstruktiv nutzen, um sich selbst immer wieder zu besonderen Leistungen zu motivieren. Mit Durchschnittlichkeit und Mittelmaß werden sie sich – bei sich selbst – niemals zufriedengeben. Sie neigen dazu, von sich selbst mehr zu verlangen als von anderen.

In dieser Hinsicht sind sie auch die idealen Vorgesetzten. Sie werden kaum zu denjenigen gehören, die während der Arbeitszeit Golf spielen gehen, während sie von ihren Mitarbeitern höchstes Engagement fordern. Typischer für sie ist, daß sie morgens als erste die Firma betreten, um sie abends als letzte zu verlassen. Das hat natürlich für die Mitarbeiter

Vorbildfunktion und spornt sehr viel mehr an als etwa eine drohende Entlassung oder eine Gehaltskürzung. Aber auch als Mitarbeiter werden sie ihr Bestes geben und sich weit über das verlangte Maß für ihre Tätigkeit engagieren, wenn man ihnen die Möglichkeit gibt, sich mit ihrer Tätigkeit, ihren Kollegen und dem Konzept des Betriebes zu identifizieren.

Engagement

☽

Löwemond

Diese Konstellation hat viele Vorzüge, die die unter diesem Mond Geborenen mit besonderen Fähigkeiten ausstattet. Sie lernen schneller und leichter als andere. Häufig besitzen sie eine besondere Sprachbegabung oder kaufmännisches Talent. Niemand kann so gut wie sie in einer Gruppe von Menschen unterschiedlichster Herkunft und verschiedener Temperamente eine angenehme Atmosphäre schaffen. Es gibt kaum bessere Gastgeber als sie. Selbst der formellsten Veranstaltung können sie noch eine persönliche und menschliche Note geben. Das wissen sie selbst besser als alle anderen, und genau das ist ihr Problem: Unabhängig davon, wieviel Lob und Anerkennung man ihnen entgegenbringt, sie fühlen sich mißverstanden und unterbewertet. Zu Recht wollen sie für ihr Können und ihre Leistungen anerkannt und respektiert und nicht nur einfach »nett« gefunden werden. Hier können Primadonnenallüren auftreten, die in ihrer Umgebung auf Unverständnis stoßen. Im Bereich der Gefühle reagieren sie im-

Guter Gastgeber

mer heftig und intensiv, das gilt natürlich auch, wenn sie sich enttäuscht und verletzt fühlen, obwohl sie im Normalfall viel zu stolz sind, sich eine Kränkung anmerken zu lassen. In der Regel ist es dann Aufgabe des Partners, das angeschlagene Selbstwertgefühl wiederaufzubauen.

Begeisterungsfähigkeit

Dabei handelt es sich hier um ausgesprochen begeisterungsfähige Persönlichkeiten, die lediglich eine Aufgabe benötigen, für die sie sich mit all ihrer Kraft einsetzen können. Werden sie entsprechend gefordert, legt sich auch ihr Hang zur Unzufriedenheit, und sie sind zu außerordentlichen Leistungen fähig. Fast wie die Luft zum Atmen brauchen sie Herausforderungen, die sie zwingen, über sich selbst hinauszuwachsen. Sehen sie solche an sich gestellt, braucht man sich über ihr irritierbares Selbstwertgefühl keine Sorgen mehr zu machen, schließlich stellen sie sich jetzt selbst ständig ihre Fähigkeiten unter Beweis und können die Ignoranz ihrer Umgebung entsprechend gelassener nehmen.

Mißverständnisse

Die meisten Menschen mit dieser Konstellation sind ausgesprochen warmherzig und spendabel. Das führt allerdings oft zu peinlichen Mißverständnissen, da ihre grundsätzliche Freundlichkeit von ihrem Gegenüber wesentlich persönlicher genommen wird, als sie gemeint ist. Das heißt nichts anderes, als daß viele schnell dem Irrglauben erliegen, daß der Löwemond ein mehr als nur freundschaftliches Interesse an ihnen hat. So wiegt sich manch einer in der falschen Sicherheit, das Herz eines Sonne-Widder-Mond-Löwe-Menschen für sich gewonnen zu haben, während dieser möglicherweise Probleme damit hat, sich auch nur an ihn zu erinnern. Glücklicherweise lernen die meisten im Laufe der Jahre ihre Wirkung auf ihre Umgebung angemessener einzuschätzen, so daß derartige, für beide Seiten peinliche Mißverständnisse seltener werden.

Was sie sich allerdings nur in den seltensten Fällen abgewöhnen können, ist die Neigung, ihre Umgebung, insbesondere natürlich Menschen, die ihnen am Herzen liegen, von den Dingen überzeugen zu wollen, die sie für sich selbst als hilfreich und nützlich erkannt haben. Dabei ist es unerheblich, ob es sich um eine neue Nachtcreme, eine bestimmte Gesundheitskur oder eine spezielle Musik-CD handelt. Von dieser Gewohnheit lassen sie auch durch die recht häufige und natürlich enttäuschende Erfahrung nicht ab, daß die meisten Menschen ihre persönlichen Vorlieben nur sehr bedingt teilen. *Umgebung*

☽

Jungfraumond

Wenn Sie einen Widder-Menschen kennenlernen, der Sie durch eine auffallend schlagfertige Reaktion auf eine besonders ungewöhnliche Situation beeindruckt und Ihnen anschließend erklärt, das Ganze wäre weiter keine Kunst, schließlich hätte er sich schon vor langer Zeit einen Plan zurechtgelegt, wie er in einer solchen Lage reagieren würde, dann kann es sich nur um einen Jungfrau- *Planung* mond handeln (anderenfalls steht der Mond im sechsten Haus). Diese Menschen besitzen

Phantasie

eine unbegrenzte kreative Phantasie, was die Bewältigung aller möglichen und unmöglichen Herausforderungen des Lebens angeht, und sie verfügen über ein hervorragendes Gedächtnis. So sind denn auch Planspiele ihre große Leidenschaft, unabhängig davon, ob sie Monopoly spielen, alte Schlachten im Sandkasten nachstellen oder sich vor dem Einschlafen überlegen, wie sie ihren Chef von der längst überfälligen Gehaltserhöhung überzeugen können.

Manche Menschen haben jede Menge Ideen, wie sich die Probleme des Alltags besser bewältigen ließen. Andere verfügen über Durchsetzungsvermögen und Handlungsenergie, Sonne-Widder-Mond-Jungfrau-Menschen besitzen beides. Ihr großer Vorteil ist dabei, daß sie ihre

Realist

Möglichkeiten immer realistisch einschätzen. Sie neigen weder zu Größenwahn noch zu falscher Bescheidenheit. Und sie werden niemals versuchen, etwas durchzusetzen, von dem sie nicht zutiefst überzeugt sind, daß es einer guten Sache dient oder ihnen einfach zusteht. Viele hervorragende Händler und Spitzenverkäufer besitzen diese Konstellation. Die einzige Bedingung für ihren Erfolg ist, daß sie selbst von der Qualität des Produktes überzeugt sein müssen.

Fast jeder kennt den beliebten Verkaufstrick, wenn ein Kunde unschlüssig ist. Der Verkäufer meint: »Das Gerät ist einfach das beste, ich habe es selbst zu Hause.« Die meisten Käufer lassen sich auf diese Weise überzeugen, unabhängig davon, ob der Verkäufer die Wahrheit gesagt hat oder nicht. Wenn Ihnen ein Jungfraumond-Geborener so etwas sagt, können Sie sicher sein: Es ist die Wahrheit. Und er wird Ihnen nicht nur auseinandersetzen, daß er dieses Gerät hat, sondern Ihnen aus dem Effeff sämtliche Vorteile gegenüber Konkurrenzprodukten auflisten können. Wenn Sie seiner Empfehlung folgen, wird er sich innerlich für Sie freuen, wenn Sie den Laden verlassen, und sich nicht etwa ins Fäustchen lachen, wie geschickt er mal wieder einen naiven Kunden übers Ohr gehauen hat. Menschen mit dieser Konstellation sind also »ehrliche Makler«, und wer einmal auf ihren Rat gehört hat und gut damit gefahren ist, wird sich gern bei der nächsten Gelegenheit wieder an sie wenden.

Ehrlichkeit

Neben der häufig vorhandenen kaufmännischen Begabung kommen hier auch schriftstellerisches Talent sowie die Eignung für technische Berufe vor. Eine Reihe exzellenter Ingenieure und Architekten besitzen diese Konstellation.

Partnerschaft

In Partnerschaften sind sie treu und zuverlässig, solange sie das Gefühl haben, sich auf ihr Gegenüber blind verlassen zu können. Allerdings ist ihr Sinn für das Praktische der Romantik nicht eben förderlich. Man sollte nicht den Fehler begehen und jedes gemeinsame Ausgehen als »Investition in die Beziehung« betrachten und Partner als »das beste Geschäft« ansehen, das man je gemacht hat. Kein Mensch mag es, wenn er wie eine Sache betrachtet wird, auch nicht, wenn es sich dabei um eine ausgesprochen gute Sache handelt.

Waagemond

Normalerweise kommen Widder gut allein zurecht. Nicht so, wenn ihr Mond in der Waage steht. So gern, wie sie sich ihre Unabhängigkeit beweisen, so sehr sind sie doch von der Zustimmung anderer, insbesondere der des Partners, abhängig. Wer einen solchen Menschen fertigmachen will, muß ihn nur in seinem tiefverwurzelten Bedürfnis nach einer harmonischen und ästhetischen Umgebung frustrieren, und er wird völlig aus dem seelischen Gleichgewicht geraten. Die meisten Menschen mit dieser Konstellation sind hoch sensibel, und es reicht schon aus, sie beispielsweise wochenlang in einem nicht richtig möblierten Büro sitzen zu lassen, um sie ernsthaft in Schwierigkeiten zu bringen.

Abhängigkeit

Da sie jedoch über außergewöhnlich viel Fingerspitzengefühl verfügen und auf andere Menschen offen und wesentlich charmanter und diplomatischer als »normale« Widder zugehen, kommen sie nur selten in eine Situation, in der ihnen jemand ernsthaft Schwierigkeiten bereiten möchte. Im Gegenteil: Wann immer es um Fragen des guten Geschmacks geht, hört man gern ihren Rat und richtet sich danach.

Beruf

Viele Menschen mit dieser Konstellation sind im weitesten Sinne des Wortes in künstlerischen Berufen tätig. Ob es sich dabei nun um die Tätigkeit eines Friseurs, einer Kosmetikerin, eines Modeschöpfers, einer Innenarchitektin oder eines Designers handelt, in all diesen Berufen spiegeln sich das Bedürfnis und die Fähigkeit wider, den Menschen und seine Umgebung schöner und ansprechender zu gestalten.

Kein Widder ist in seiner Handlungsfähigkeit so von einer geeigneten Partnerschaft abhängig wie dieser. Wenn ein immer pünktlicher Mensch mit blassem Gesicht zu spät zur Arbeit erscheint, wenn ein ansonsten freundlicher und aufmerksamer Mitarbeiter mit einemmal mürrisch und in sich gekehrt ist: bei einem Waagemond können Sie darauf wetten, daß Liebeskummer und Partnerschaftsprobleme dahinterstecken.

Partnerschaft

Insgesamt sind diese Menschen stimmungsabhängiger als andere Widder, doch macht sie das eher sympathischer, als daß daraus ernsthafte Probleme entstünden. Auffällig ist allerdings ihr empfindsames Reagieren auf die Mondphasen. Das gilt insbesondere für den Vollmond, aber auch für Neumond. In diesen Tagen sollten sie nach Möglichkeit Alkohol meiden und keine besonders schwierigen oder riskanten Dinge unternehmen.

Vollmond

☽

Skorpionmond

Wer mit dieser Konstellation geboren wurde, mußte meist schon frühzeitig lernen, daß im Leben nur das wirklich zählt, was man sich selbst unter Anstrengungen und Schwierigkeiten erarbeitet hat. Dabei ist es unerheblich, ob diese Menschen vordergründig betrachtet eine sogenannte leichte oder schwere Kindheit hatten. In jedem Fall wurden sie schon zu einem sehr frühen Zeitpunkt mit den letzten Dingen, insbesondere dem Tod, konfrontiert. Auch wenn die meisten diese Erfahrung bald so verdrängt haben, daß jede bewußte Erinnerung daran fehlt, so macht es sie doch ernsthafter und grüblerischer als andere. Gerade in der Kindheit werden sie von ihren Kameraden deshalb kaum verstanden, sie gelten oft als altklug, grüblerisch oder »miesepetrig«. Im Erwachsenenalter legt sich diese Tendenz etwas, doch was bleibt, ist eine instinktive Abneigung gegen alles Oberflächliche. Billige Vergnügungen sind ihnen ein Greuel, lieber lesen sie ein gutes Buch oder stürzen sich in ihre Arbeit. Das heißt nicht, daß sie etwas gegen Amüsement oder Unterhaltung hätten, nur legen sie hier eben ein wenig andere Maßstäbe an als die meisten Zeitgenossen.

Ernsthaftigkeit

Es ist nicht leicht, ihr Vertrauen zu gewinnen, denn einmal erlittene Verletzungen vergessen sie nie. Selbst wenn sie sich an das konkrete Ereignis nicht erinnern können, die daraus entstandenen Verletzungen prägen ihr Empfinden und ihr Gefühlsleben. So tun sie sich in Freundschaften und Partnerschaften am Anfang ein wenig schwer. Dabei können sie durchaus auf andere zugehen und die Initiative ergreifen, aber sie bleiben vorsichtig und versuchen sich gegen jede Enttäuschung zu schützen. Wer jedoch einmal ihr Vertrauen gewonnen hat, kann mit uneingeschränkter Loyalität rechnen. Haben sie sich einmal auf jemanden eingelassen, würden sie sich im Sinne des Wortes für diesen Menschen totschlagen lassen, wenn dies notwendig sein sollte. Keinesfalls verlangen sie das gleiche

Partnerschaften

Engagement von ihren Freunden und Partnern, wissen sie doch, daß diese vielleicht den guten Willen, aber nicht notwendigerweise die Charakterstärke für ein solches Ausmaß an unbedingter Konsequenz besitzen.

Gefühle

Wenn sie sich jedoch verraten fühlen, zögern sie nicht, Menschen, die ihnen gestern noch sehr nahestanden, von heute auf morgen aus ihrem Leben zu werfen. Sie sind nicht für halbe Sachen zu haben – schon gar nicht in Gefühlsdingen.

So sind sie etwa bereit, sich für ihre Partnerschaften bis an den Rand der Selbstaufgabe einzusetzen und in Krisen nichts unversucht zu lassen, um ihre Beziehung zu retten. Sobald sie jedoch erkennen, daß sie verraten wurden oder man ihr Vertrauen mißbraucht hat, können sie den anderen fallenlassen wie eine heiße Kartoffel. Vielleicht bricht es ihnen das Herz – denn ihre Härte im äußeren Umgang sagt nichts darüber aus, was in ihrem Inneren vor sich geht –, doch werden sie lieber vor Kummer eingehen, als bei einem Menschen zu Kreuze zu kriechen, der ihre Gefühle verraten hat.

Willensstärke und Konsequenz

Es gibt kaum eine Tierkreiszeichen-Verbindung, die über so viel Willensstärke und Konsequenz verfügt wie diese; was man sich einmal vorgenommen hat, wird auch gegen größte Widerstände durchgeführt.

Schützemond

Das sind die Visionäre unter den Widder-Geborenen, und sie weigern sich standhaft, auch nur einen Gedanken daran zu verschwenden, daß es Probleme ohne eine Lösung geben könnte.

Visionäre

Zwar fehlt ihnen die Liebe zum Detail, doch dafür fällt es ihnen um so leichter, große Zusammenhänge zu erkennen, für die anderen einfach der Blick fehlt. Selbst schwierigste Erfahrungen in der Vergangenheit können sie nicht davon abhalten, unerschütterlich an eine bessere Zukunft zu glauben, und sie tun im Rahmen ihrer Möglichkeiten alles, damit diese auch eintritt.

Häufig haben sie ein ausgeprägtes Interesse an philosophischen und religiösen Themen, solange sie einen praktischen Nutzen darin erkennen können, der sich im täglichen Leben auch umsetzen läßt. Rein theoretische oder abstrakte Überlegungen hingegen empfinden sie als nutzlos.

Ausland

Viele Menschen mit dieser Konstellation lieben Fernreisen oder haben sogar beruflich mit dem Ausland zu tun. Durch ihre ausgeprägte Toleranz haben sie keinerlei Probleme, mit Menschen aus unterschiedlichsten Kulturkreisen zurechtzukommen, solange ihr Gegenüber im Gegenzug bereit ist, sie ebenfalls so zu akzeptieren, wie sie nun einmal sind.

Bedingt durch ihre außerordentliche Begeisterungsfähigkeit, neigen sie dazu, manchmal sich selbst und ihre Möglichkeiten zu überschätzen. Sie vergessen dann einfach, daß der Tag nur 24 Stunden hat und sie unmöglich all die Versprechungen einlösen können, die sie in ihrer Begeisterung und voll des besten Willens gegeben haben. So wirken sie oft auf andere für eine Weile faszinierend, während sie am Ende dann als Aufschneider dastehen, auf deren Wort kein Verlaß ist. Derartige Erfahrungen kränken sie tief – trotz aller positiven Weltsicht –, schließlich haben sie es wirklich nur gut gemeint und wollten doch nur helfen. Die größte Herausforderung ist für sie deshalb, sich mit den Begrenzungen der Alltagswirklichkeit abzufinden. Dies fällt ihnen um so schwerer, als sie voller Begeisterung von einer besseren Welt träumen, von der sie in ihren optimistischen Momenten genau zu wissen glauben, wie diese innerhalb kürzester Zeit herbeizuführen sei.

Optimismus

Der größte Fehler, den man begehen kann, ist, sie als weltfremde Träumer abzutun. Denn wenn jemand die Kraft hat, eine gute, noch nie dagewesene Idee in die Tat umzusetzen, dann sie. So gibt es unter dieser Konstellation überdurchschnittlich viele begabte Erfinder, die einen sicheren Instinkt dafür besitzen, welche Visionen verwirklicht werden können und welche Visionen bleiben müssen.

Um in einem Bereich wirklich den Durchbruch zu schaffen, brauchen sie jedoch die Unterstützung ihres Freundes- und Bekanntenkreises. Nur wenn sie wissen, daß andere an sie glauben, sind sie auch in der Lage, Außergewöhnliches zu leisten, sei es im Beruf oder in irgendeinem anderen Lebensbereich. Fehlt ihnen die Unterstützung durch den Partner und die soziale Umwelt, kann ihre Begeisterung und optimistische Weltsicht von einem Moment zum nächsten in tiefste Depressionen umschlagen. Ihre Gefühle sind immer groß, sei es nun Freude oder Verzweiflung, mit Halbheiten geben sie sich

Unterstützung

nicht ab – und bei ihren Emotionen schon gar nicht.

Doch so schnell, wie sie in das tiefe Loch völliger Niedergeschlagenheit fallen können, so unvermittelt krabbeln sie auch wieder heraus, ohne daß man ihnen auch nur eine Blessur anmerken würde. Schließlich zählt für sie

Zukunft

die Vergangenheit (fast) nichts und die Zukunft alles.

Menschen mit einem sparsameren Seelenleben fühlen sich durch den Schützemond oft emotional überfordert – sie sind diesem Ausmaß schnell wechselnder intensivster Emotionen und Ideen einfach nicht gewachsen und fühlen sich manchmal regelrecht erschlagen. Das macht auch für ihre Partner und Lebensgefährten den Umgang mit dem Schützemond gelegentlich ein wenig schwierig.

Auf der anderen Seite gibt es niemand Geeigneteren, einen anderen Menschen wieder Vertrauen in das Leben gewinnen zu lassen, als sie. Für Sonne-Widder-Mond-Schütze-Geborene ist es fast schon eine Kleinigkeit, einen Selbstmordkandidaten von der Unsinnigkeit seines Tuns zu überzeugen und ihn dazu zu bringen, wieder vom Brückengeländer herunterzuklettern. Nicht weil sie eine so hervorragende psychologische Schulung genossen hätten, sondern weil sie alle Hochs und Tiefs der menschlichen Seele kennen und besser als andere wissen, daß es keine Krise gibt, die nicht überwunden werden könnte. Dieser

Lebensmut

Lebensmut ist ansteckend. Denn es ist faszinierend, wie sie sich diesem Leben trotz all seiner Schwierigkeiten mit soviel Begeisterung stellen.

☽

Steinbockmond

Widder machen sich im allgemeinen nicht allzuviel aus gesellschaftlichen Konventionen, diejenigen mit einem Steinbockmond aber schon. Ihnen sind öffentliche Anerkennung und Karriere außerordentlich wichtig. So ergeben sich Ehrgeiz und Zielstrebigkeit fast schon zwangsläufig. Langfristige Planung ist für sie etwas Selbstverständliches, und sie können geduldig warten, bis ihre Zeit gekommen ist. Viele Menschen mit dieser Konstellation nehmen langjährige Ausbildungen und umfangreiche Schulungen in Kauf, um einmal den gesellschaftlichen Status zu erreichen, den sie anstreben. In der Regel verfügen sie über außerordentlich viel Selbstdisziplin und die Fähigkeit, sich in ihren persönlichen Bedürfnissen stark einzuschränken, wenn dies notwendig ist.

Zielstrebigkeit

Auffällig häufig ist hier ein Interesse an gesellschaftlichen, politischen und sozialen Fragen vorhanden, so daß oft auch ein Beruf aus diesem Bereich gewählt wird. So haben zum Beispiel viele besonders fähige Juristen und Sozialarbeiter diese Konstellation.

Beruf

Von der sonst für Widder so typischen Spontaneität merkt man bei ihnen nur selten etwas, diese läßt sich ja auch nur schwer mit ihrem Bedürfnis nach Planung und Organisation vereinbaren. Statt dessen können sich durch ihren Hang, sich ständig selbst zu überfordern, Attacken heftiger Reizbarkeit und Nervosität ergeben, die sich trotz aller Selbstbeherrschung vor Freunden und Mitarbeitern nur schwer verbergen lassen.

Sparsamkeit

Sie sind die mit Abstand sparsamsten Vertreter ihres Zeichens, Verschwendung, gleich in welcher Form, ist ihnen ein Greuel. Lieber drehen sie jeden Pfennig dreimal um, bevor sie ihr Geld für unnötige Anschaffungen ausgeben. Ihre Mitmenschen werden unter ihrem besonders sorgfältigen Umgang mit den Finanzen jedoch nur in den seltensten Fällen zu leiden haben. Im Gegenteil: Fast immer besitzen sie einige Rücklagen, und sie sind stets bereit, einem Freund, der in wirtschaftlichen Schwierigkeiten steckt, auszuhelfen.

Eine ihrer herausragenden Eigenschaften ist ihr außergewöhnlicher Gerechtigkeitssinn. Von Fairneß halten sie sehr viel – so viel, daß sie auch bereit sind, für deren Durchsetzung persönliche Nachteile in Kauf zu nehmen. Einen Mangel an Konsequenz oder besonderen Egoismus wird ihnen deshalb kaum jemand vorwerfen können.

Nach außen wirken sie wie stabile, unkomplizierte und geradlinige Persönlichkeiten.

Unsicherheit

Ihre oft vorhandene Unsicherheit in Gefühlsdingen merkt man ihnen schwerlich an.

Schließlich sind sie fast immer ordentlich, zuverlässig und systematisch. Das wird von ihrer Umgebung automatisch mit Selbstsicherheit gleichgesetzt. Außenstehende sind davon überzeugt, daß sie ihr Leben fest im Griff haben und immer genau wissen, wo es langgeht.

Ihr Leben ist so gut wie immer von einem geregelten Tagesablauf geprägt. Dabei scheinen sie alles Zufällige und Unkalkulierbare aus ihrem Umfeld verbannen zu wollen. Unordnung und die Unwägbarkeiten des Lebens machen ihnen manchmal regelrecht angst. Aus diesem Grund halten sie hin und wieder auch an Entscheidungen fest, die mittlerweile längst ihre Grundlage verloren haben. Überspitzt formuliert, gleichen sie in solchen Situationen Menschen, die im strömenden Regen in den Garten gehen, um die Blumen zu gießen, weil sie sich das am Morgen vorgenommen haben.

Ordnung

Sie benötigen Ziele, für deren Erreichen die Überwindung zahlreicher Hindernisse notwendig ist, denn je größer die Schwierigkeiten, die gemeistert werden müssen, um so zufriedener sind sie mit dem Ergebnis.

Die herausragende und einmalige Fähigkeit der Steinbockmond-Geborenen ist ihre unmittelbare seelische Bindung an gesellschaftliche Phänomene und Prozesse. So wird beispielsweise ein Boutiquebesitzer instinktiv wissen, welche Mode die Menschen im nächsten Sommer kaufen wollen, und sich entsprechend einrichten. Ein Buchhändler wird die kommenden Bestseller schon vor ihrem Durchbruch auf Lager haben usw. Das persönliche Empfinden ist einfach sehr stark im Einklang mit dem, was gesellschaftliche Norm ist oder bald sein wird.

Persönliches Empfinden

Neben den Skorpionmond-Geborenen sind diese Widder sicherlich die Menschen mit der größten Konsequenz und Ausdauer. Sie konzentrieren sich ausschließlich auf das Wesentliche und lassen sich kaum von ihren Vorsätzen abbringen. Da sie in ihrem Gefühlsleben ja gleichzeitig »auf der Welle der Zeit schwimmen«, wird es allerdings nicht allzu häufig vorkommen, daß ihnen ernsthaft Steine in den Weg gelegt werden.

Herausforderung

Alles, was mit echten persönlichen, zwischenmenschlichen Beziehungen zu tun hat, ist für sie die größte (und schönste) Herausforderung überhaupt. Sich auf Menschen einzulassen, ohne daß es klare Spielregeln und Bedienungsanleitungen gibt, verunsichert die Steinbockmond-Geborenen mehr als alles andere – und es verschafft ihnen die größte Befriedigung, wenn es ihnen gelingt, über ihren Schatten zu springen.

Wassermannmond

Individualisten

Widder sind Individualisten, wer außerdem den Mond im Wassermann stehen hat, ist noch ein wenig individualistischer. So lassen diese ausgeprägten Persönlichkeiten niemanden kalt – entweder man liebt und bewundert sie, oder man hält sie für verschrobene Exzentriker.

In der Tat ist der Umgang mit ihnen nicht immer leicht: Dinge, die sie gestern noch völlig begeistert haben, können ihnen heute völlig gleichgültig sein. Doch sprunghafte Stimmungswechsel und Einstellungsänderungen sind ihre Stärke und nur selten eine Schwäche. Denn immer sind sie auf der Suche nach dem Neuen, Außergewöhnlichen und Originellen. Alltägliches gibt es schließlich schon genug, und sie sind nicht auf dieser Welt, um sich mit Trivialitäten abzugeben. So haben denn auch viele Künstler und Lebenskünstler diese Konstellation. Da sie in hohem Maße von ihren Stimmungen abhängig sind und aus diesen auch ihre besondere Kreativität beziehen, können sich nur wenige an einen geregelten Tagesablauf gewöhnen. Das macht es ihnen in einem normalen Beruf natürlich nicht leicht, und wann immer möglich, werden sie sich eine Tätigkeit wählen, die ihnen größtmöglichen Freiraum in der Gestaltung ihrer Arbeitszeit läßt. So wichtig ihnen ihr persönlicher Freiraum auch ist, so liegt den höherentwickelten Persönlichkeiten doch viel daran, sich diesen nicht auf Kosten anderer zu verschaffen. Sie möchten nicht nur einfach ihr »eigenes Ding« machen, sie sind auch fast immer bestrebt, mit ihren originellen Fähigkeiten die Welt oder doch zumindest ihre persönliche Umgebung ein wenig menschlicher, bunter und phantasievoller zu machen.

Freiheit

Philosophisch interessierte Persönlichkeiten beschäftigen sich deshalb immer wieder mit der Frage, wie sich der einzelne von der Masse unterscheiden kann, ohne auf Kosten anderer zu leben oder sich von der Gesellschaft auszuschließen. Der ungarische Komponist Béla Bartók besaß ebenfalls diese Konstellation. Als Künstler löste er dieses Problem in genialer Weise: Während er völlig neue Wege in der ernsten Musik beschritt, war die Grundlage vieler seiner Werke die Folklore seines Landes.

Oft besitzen Menschen mit einem Wassermannmond ein ausgesprochen komisches Talent, das ihr Publikum auf unterhaltsame Weise zum Nachdenken anregt.

Komik

Werden sie angegriffen, beleidigt oder auch zu Recht mit eigenen Fehlern konfrontiert, werden sie nur selten in typischer Widder-Manier unmittelbar zum Gegenangriff übergehen. Sie besitzen die natürliche Gabe, sich über eine Situation zu stellen, Angriffe und Kritik an sich abperlen zu lassen und so zu tun, als sei jemand ganz anderer gemeint. In den meisten Fällen reicht das schon, um den Gegner ins Leere laufen zu lassen.

Wer unter dieser Konstellation geboren wurde, für den ist nicht das Außergewöhnliche, sondern der Alltag eine echte Herausforderung – zum Beispiel Rechnungen pünktlich zu bezahlen oder den Garten in Ordnung zu halten.

Alltag

☽

Fischemond

Wenn Sie einen Widder kennen, aus dem Sie auch nach langer Zeit und trotz ernsthaften Bemühens einfach nicht schlau werden, ist die Wahrscheinlichkeit hoch, daß sein Mond in den Fischen steht. Das ist auch weiter kein Wunder, schließlich ist es nicht leicht, einen Menschen zu verstehen, der ein verträumter Romantiker und Schöngeist und dabei ein energiegeladener Pragmatiker ist. Recht häufig findet sich diese Konstellation bei Musikern und anderen Künstlern, die sich durch ihre Ausdrucksstärke auszeichnen. Ein besonders schönes Beispiel für diese Entsprechung ist der belgische Komponist und Sänger Jacques Brel, der seine Lieder mit einer so großen, fast

Ausdrucksstärke

schon schmerzhaften Intensität sang, daß sich ihrer emotionalen Wirkung kaum jemand entziehen konnte.

Auch »normale« Widder können ihren Empfindungen deutlich Ausdruck verleihen. Da sie sich hierbei fast immer freundlich und charmant geben, wirken sie auf andere einfach entwaffnend.

Verständnis

Ihre Stärke ist, daß sie – darin sind sie den Schützemond-Geborenen ähnlich – für so ziemlich alles und jeden Verständnis aufbringen können, ohne daß sie deshalb auch automatisch damit einverstanden wären. Da sie gleichzeitig auch gute Zuhörer sind, fühlt sich ihr Gegenüber verstanden und kann selbst Kritik akzeptieren, ohne sich verletzt zu fühlen.

Ruhe

Ihre größte Schwierigkeit im Umgang mit sich selbst ist hingegen, daß sie im Leben immer wieder Phasen durchlaufen, in denen sie beim besten Willen nicht wissen, was sie wollen – das aber mit aller Macht. In solchen Perioden sind sie ruhelos, grüblerisch und mit sich und der Welt zutiefst unzufrieden. Wann immer dies möglich ist, sollten sie in solchen Zeiten eine kreative Pause einlegen und sich an einen Ort zurückziehen, wo sie ungestört ihren Gedanken nachhängen können. Je mehr es ihnen gelingt, abzuschalten und sich von dem Zwang, immer etwas tun zu müssen, zu befreien, um so schneller werden sie ihre innere Klarheit zurückgewinnen. Voller neuer Ideen und mit frischem Elan kehren sie dann wieder in die Alltagswelt zurück.

Überhaupt besitzen diese Menschen eine ganz außerordentliche Sensibilität in Verbindung mit einem scheinbar unerschöpflichen seelischen Energiereservoir. Mehr als andere neigen sie deshalb auch dazu, sich bis zur völligen Erschöpfung zu verausgaben. Schon allein aus diesem Grund sind regelmäßige Erholungsphasen und Rückzugsmöglichkeiten dringend notwendig.

Außenseiter

In gesellschaftlicher Hinsicht nehmen sie meist eine freundliche Außenseiterposition ein, ohne sich jedoch als Fremdkörper zu fühlen. Höherentwickelten Persönlichkeiten ist – trotz der durchaus häufig vorhandenen Heimatliebe – jede Form von Stammtischpatriotismus fremd. Kulturelle und soziale Unterschiede sind ihnen nicht so wichtig, auch wenn sie die damit verbundenen Probleme im praktischen Leben durchaus sehen. Für sie persönlich zählen jedoch ausschließlich der Charakter eines Menschen und nicht seine Herkunft oder sein Bildungsgrad.

Zu Menschen, die ihnen nicht liegen, suchen sie eine höfliche Distanz, aus der jeder ungestört seine eigenen Wege gehen kann. Offenem Streit oder aggressiven Auseinandersetzungen stellen sie sich nur, wenn sich dies überhaupt nicht vermeiden läßt. Das bedeutet mitnichten, daß sie feige wären, doch in der Regel sind sie einfach davon überzeugt, daß es produktivere Möglichkeiten gibt, Meinungsverschiedenheiten auszutragen, als sich zu bekämpfen.

Phantasie

Neben der außergewöhnlichen Phantasie und der so gut wie immer vorhandenen künstlerischen Begabung besitzen sie auch eine starke Intuition. Kaum jemand versteht es besser, zur richtigen Zeit am richtigen Ort zu sein, als sie.

Die größte Schwierigkeit mit dieser Konstellation mag die Einsicht sein, daß es keinen anderen Sinn im Leben gibt außer dem, den wir ihm selbst geben. Da es für sie keine verbindlichen Vorgaben gibt, an denen sie sich orientieren und festhalten können, müssen sie lernen, sich selbst die Welt zu »erschaffen«, in der sie leben wollen und können. Der Fischemond bietet die größte Chance zur Freiheit, aber er stellt auch die größte Herausforderung aller Mondzeichen dar.

Aufgabe

Was kommt auf den Widder zu?

Welcher Tag wofür geeignet ist

Ein wichtiger Bereich der Astrologie ist die Prognose, also die »Vorhersage« zukünftiger Ereignisse. Viele Astrologen machen keine Prognosen mehr, weil sie meinen, damit seriöser zu wirken und bei ihren Gegnern eher anerkannt zu werden. Ich habe allerdings den Verdacht, daß die meisten vor Zukunftsdeutungen zurückschrecken, weil sie es einfach nicht können. So versucht also mancher, aus der Not eine Tugend zu machen. Nützen tut dies niemandem. Kein Astrologiegegner läßt sich bekehren, weil manche Astrologen keine Prognosen mehr machen. Und wer die Dienste eines Astrologen beansprucht, möchte im allgemeinen doch etwas über seine Zukunft erfahren. Auch Meister der Astrologie geben zu, daß nicht jede Vorhersage exakt eintrifft. Das ist aber weder schlimm noch ein auf die Astrologie begrenztes Phänomen: Die Leistungen der modernen Meteorologie sind unbestritten, und dennoch kann es immer wieder passieren, daß man beispielsweise im Auto sitzt und den Wetterbericht hört, dem zufolge es besonders schön sein soll, während man die Scheibenwischer laufen läßt, weil es draußen in Strömen schüttet. Und es gibt viele Menschen, die gesund und munter sind, obwohl ihnen ein Arzt vor Jahren nur noch wenige Wochen Lebenserwartung prophezeit hat.

Prognose

Astrologen sind keine Wahrsager, und unfehlbar sind sie schon gar nicht. Diese Eigenschaften teilen sie mit den meisten anderen Menschen. Trotzdem ist die Bestimmung der Chancen und Risiken zukünftiger Ereignisse sinnvoll und nützlich. So mancher liebeskranke Jüngling würde viel darum geben, wenn er den Tag wüßte, an dem die Aussichten, bei seiner Angebeteten Gehör zu finden, am größten sind. Sicherlich würde er auch hinnehmen, daß er sich eventuell noch ein Weilchen gedulden muß. Um so mehr, wenn ihm bewußt ist, daß übereiltes Handeln alles verpatzen könnte oder seine Herzdame gar in die Arme eines anderen treibt.

Bestimmung der Chancen

Genau das kann die Astrologie leisten: zu bestimmen, wann Ihre Chancen, erfolgreich zu sein, besonders gut sind und wann man von etwas besser die Finger läßt. Dies ist sogar so einfach, daß man kein Experte sein muß, um günstige und kritische Tage zu bestimmen. Und so geht's:

Als erstes benötigen wir den Geburtstag des Menschen, für den wir die Prognose machen wollen. Nehmen wir als Beispieldatum den 10.4., das Geburtsjahr spielt keine Rolle.

Begegnungszeitraum

6 Monate nach dem Geburtstag finden Sie den Begegnungszeitraum. Das ist in unserem Beispiel der 10.10. plus/minus 5 Tage, also vom 5. bis zum 15.10. Dies ist die günstigste Zeit im Jahr, um jemanden kennenzulernen, sich mit anderen auszusöhnen oder einfach etwas mit den Menschen zu unternehmen, die einem am meisten bedeuten. Je mehr Sie sich in diesen Tagen auf andere statt auf sich selbst konzentrieren, um so mehr werden Sie von dieser Zeit profitieren. *Die für Sie persönlich günstigsten Zeiträume finden Sie 4 und 8 Monate nach dem Geburtstag.* In unserem Beispiel wären dies also der 10.8. und der 10.12. Auch hier gilt wie in allen anderen Fällen ein Zeitraum von plus/minus 5 Tagen. Alles, was Sie jetzt beginnen, hat größere Chancen als sonst, zu einem erfolgreichen Ergebnis zu gelangen. Passieren wird in diesen Phasen allerdings nur selten etwas Außergewöhnliches. Hier gilt das englische Sprichwort: »No news is good news« (Keine [schlechten] Nachrichten sind gute Nachrichten). Diese Konstellation wirkt sich genau umgekehrt aus wie die 3 und 9 Monate nach dem Geburtstag.

Persönlich günstiger Zeitraum

Schließlich sollen noch zwei Zeiträume genannt werden, die besonders für berufliche und geschäftliche Reisen geeignet sind. Sie eignen sich auch bevorzugt für Verhandlungen und Gespräche, Veränderungen in der Wohnung oder am Haus sowie für das Zusammentreffen mit Freunden oder Geschäftspartnern. Die Daten sind 2 und 10 Monate nach dem Geburtstag. In unserem Beispiel wären das der 10.6. und der 10.2.

Beruf und Reise

Da sich diese Daten jedes Jahr wiederholen, genügt es, sie einmal zu berechnen und zu notieren. Wenn Sie die hier gemachten Aussagen mit den Ereignissen in Ihrer persönlichen Vergangenheit überprüfen, werden Sie mit Sicherheit feststellen, daß sich so häufig treffende Übereinstimmungen ergeben, daß schon böser Wille oder Ignoranz notwendig sind, um hier noch von »reinem Zufall« sprechen zu können. Eine besonders kritische Zeit, in der Sie besser keine wichtigen Entscheidungen treffen und in der Sie nicht unnötig Riskantes unternehmen sollten, ist *3 Monate nach dem*

Kritische Zeit

Geburtstag. Da der April der 4. Monat im Jahr ist, rechnen wir einfach 4 + 3 und kommen so auf den 10.7. Die Zeit 5 Tage vor bis 5 Tage nach diesem Datum ist nun ein Zeitraum, während dessen besondere Vorsicht angebracht ist.

Die gleiche Konstellation gilt *9 Monate nach dem Geburtstag.* Bei unserem Beispieldatum wäre dies der 10.1., 4 + 9 = 13. Auch hier gilt wieder der Zeitraum plus/minus 5 Tage, somit der 5. bis 15.1.

Auf diese Weise haben Sie einfach und zuverlässig die beiden Zeiträume im Jahr bestimmt, in denen Sie besser nicht aktiv werden sollten, weil die Gefahr, Fehler zu machen, größer als sonst ist. Diese beiden Daten sind jedoch nicht durchweg problematisch, das gilt nur für das eigene Handeln und für Entscheidungen von großer Tragweite.

Positive Ereignisse

Dafür sind die Chancen, daß Ihnen Positives widerfährt, höher als sonst. Das mag wie ein Widerspruch klingen, ist es aber nicht: In den genannten Zeiträumen hat schon mancher eine Gehaltserhöhung bekommen, oder er erhielt einen wichtigen Brief, auf den er schon lange gewartet hatte. Möglicherweise schenkt Ihnen jemand etwas, oder Sie finden einen verlorengegangenen Gegenstand wieder. All dies sind jedoch Vorgänge, die Sie nicht direkt beeinflussen können. Man erlebt sie als glückliche Zufälle oder als das Ergebnis von Aktivitäten, die schon zurückliegen. Je offener Sie sind, je mehr Sie bereit sind, in diesen Tagen die Dinge einfach auf sich zukommen zu lassen, um so größer ist die Chance, daß aus Unglückstagen Glückstage werden.

Genauere Aussagen lassen sich treffen, wenn Sie berücksichtigen, daß die Konstellationen in den meisten Fällen am stärksten am berechneten Datum bis 2 Tage danach »wirken«. In unserem Beispiel wären das also der 10. bis 12. in den jeweiligen Monaten.

Glücks- und Unglückszahlen

Diese Aussagen lassen sich wiederum präzisieren, wenn Sie die im übernächsten Abschnitt beschriebenen persönlichen Glücks- und Unglückszahlen mit einbeziehen. Hierzu müssen Sie lediglich das Datum in eine ein- und eine zweistellige Zahl verwandeln. Greifen wir wieder auf unser Beispiel zurück und wählen den 10.10.1997. (Bei dieser Rechnung muß die Jahreszahl mit einbezogen werden.) Um zu einer ein- und einer zweistelligen Zahl zu gelangen, müssen Sie lediglich die Quersumme des Datums bilden, das heißt die einzelnen Ziffern addieren: 1 + 1 + 1 + 9 + 9 + 7 = 28; 2 + 8 = 10; 1 + 0 = 1. Der 10.10.1997 ergibt also zwei zweistellige und eine einstellige Zahl: 10, 28 und 1. Jetzt müssen Sie lediglich nachschauen, ob eine dieser Zahlen zu Ihren persönlichen Glücks- oder Unglücksdaten gehört. Da in unserem Beispiel der 10.10. der Stichtag des persönlichen Begegnungszeitraumes ist, ergeben sich folgende Deutungen:

- *Glückszahl:* deutlich erhöhte Wahrscheinlichkeit für positive zwischenmenschliche Kontakte und angenehme Erlebnisse im Partnerschaftsbereich;
- *Unglückszahl:* deutlich erhöhte Wahrscheinlichkeit für wichtige Erlebnisse im Begegnungsbereich, die jedoch nicht frei von Spannungen und Konflikten sein werden;

- *keine Zahl:* allgemein erhöhte Ereigniswahrscheinlichkeit im Begegnungsbereich, die jedoch nicht annähernd so groß ist wie die Auslösung durch Glücks- oder Unglückszahlen.

Wer es genau wissen möchte, berechnet die Zahlen für den gesamten Ereigniszeitraum.

Diese Technik ist sehr einfach. Überprüfen Sie einige Ereignisse der Vergangenheit, und machen Sie sich ein eigenes Bild von ihrer Treffsicherheit. Die besten Entsprechungen werden Sie bei der Übereinstimmung mit persönlichen Unglücks- oder Glückszahlen finden, die auf den Stichtag plus/minus zwei Tage fallen.

Was den Widder im Lauf des Jahres erwartet

Vorhersage

Wohl jeder würde gern wissen, was die nächste Zukunft für ihn bereithält, erst recht, wenn er sich für Astrologie interessiert. Um eine allgemeine Übersicht zu erhalten, gibt es eine sehr einfache und effektive Methode: Merken Sie sich genau die Ereignisse am Tag vor Ihrem Geburtstag, am Geburtstag selbst und einen Tag nach dem Geburtstag. So, wie es Ihnen an diesen Tagen im kleinen geht, so verläuft im großen das darauffolgende Lebensjahr. Das heißt, der Tag vor dem Geburtstag entspricht dem ersten Jahresdrittel, der Geburtstag dem zweiten und der Tag nach dem Geburtstag dem dritten.

Ein Beispiel aus der Praxis: Ein junger Mann fiel bei Reparaturarbeiten an seinem Haus

Der Astronomus.

So bin ich ein Astronomus/
Erkenn zukünfftig Finsternuß/
An Sonn und Mond/durch das Gestirn
Darauß kan ich denn practiciern/
Ob künfftig komm ein fruchtbar jar
Oder Theuwrung und Kriegßgefahr/
Und sonst manicherley Kranckheit/
Milesius den anfang geit.

Astronomus: Bild von Jost Amman und Vers von Hans Sachs aus »Eygentl. Beschreibung Aller Stände auff Erden«, Frankfurt 1568 einen Tag vor seinem Geburtstag von einer Leiter und verstauchte sich ein Fußgelenk. Am Geburtstag mußte er gegen seine ursprüngliche Absicht arbeiten, da ein Kollege krank geworden war. Als er später heimkam, um mit seiner Frau endlich zu feiern, war er so überreizt, daß es zum Streit kam und der ganze Abend verdorben war. Am darauffolgenden Tag sorgte er dafür, daß er früher als sonst heim konnte. Er versöhnte sich mit seiner Frau, die beiden beschlossen spontan, den Abend nachzufeiern. Sie gingen aus und verstanden sich so gut wie schon lange nicht mehr. Der Streit war vergessen und begraben.

Beispiel

Zwei Monate später zog sich der junge Mann beim Skilaufen einen komplizierten Beinbruch zu, der ihn für sechs Monate arbeitsunfähig machte. Die ganze Zeit über war unklar, ob sein Bein wieder vollständig gesunden würde. Zusätzlich bedrückte ihn die Sorge um seinen Arbeitsplatz. Die erzwungene Untätigkeit und die Ungewißheit setzten ihm so zu, daß er phasenweise trank und das Verhältnis zu seiner Frau immer schlechter wurde. Im zweiten Jahresdrittel entlud sich die angespannte Situation in einem schlimmen Ehekrach. Nervlich am Ende und unter Alkoholeinfluß schlug er sogar seine Frau, was ihm sonst nie in den Sinn gekommen wäre. Noch am selben Abend zog diese zu einer Freundin. Der junge Mann verfiel jetzt kurzzeitig vollständig dem Alkohol. Er änderte seine Lebensweise jedoch radikal, als der Gips entfernt wurde und sich zeigte, daß sein Bein vollständig verheilt war. Er hatte nicht, wie befürchtet, seinen Arbeitsplatz verloren. Sofort stellte er seinen übermäßigen Alkoholkonsum ein. All dies gab ihm die Kraft, einzusehen, in welchem Maße er selbst zu der traurigen Entwicklung in seiner Ehe beigetragen hatte. Er bemühte sich darum, seine Frau zurückzugewinnen, was ihm auch schließlich gelang. Drei Monate vor seinem Geburtstag kam es zu einem ausgedehnten Treffen zwischen beiden, bei dem sie zum erstenmal offen über die Probleme in ihrer Ehe sprachen. Nach der Aussöhnung verstanden sich beide besser als je zuvor.

Zugegeben, nicht immer sind die Entsprechungen so offensichtlich wie in diesem Bilderbuchbeispiel. Aber glücklicherweise werden wir ja auch nicht jedes Lebensjahr von solch dramatischen Ereignissen gebeutelt. Wer sich die Mühe macht und die Ereignisse um vergangene Geburtstage mit denen der darauffolgenden Lebensjahre vergleicht, lernt schnell, diese Zusammenhänge zu sehen und zu verstehen. Mit ein wenig Kreativität können Sie dann auch Ihren letzten Geburtstag untersuchen und eine Prognose für das laufende Lebensjahr wagen. Wer es noch genauer wissen möchte, der sei auf den nachfolgenden Abschnitt verwiesen.

Zusammenhänge verstehen

Nur einen Fehler sollten Sie unbedingt vermeiden: Lassen Sie sich nicht ins Bockshorn jagen, Bangemachen gilt nicht. Verderben Sie sich nicht zukünftige Geburtstage durch die Angst vor jedem noch so kleinen Mißklang! Wer derartige Zusammenhänge zu ernsthaft und besorgt betrachtet, geht in die Falle lebensfeindlichen Aberglaubens. Das ist nicht der Sinn der Sache. Eine neugierig-humorvolle Herangehensweise ist hier sicherlich das beste Gegenmittel.

Aberglaube

Die persönlichen Glücks- und Unglückszahlen

Glückszahl Die Glückszahl des Widders ist die 9. Das gilt auch für ihre Vielfachen, also 18, 27, 36 usw., sowie für alle Zahlen, die auf die Ziffer 9 enden. Das heißt, für Widder-Geborene sind zum Beispiel das 9., das 18., das 19., das 27., das 36. und das 39. Lebensjahr von entscheidender Bedeutung, meist im positiven Sinne.

Ich lernte einmal einen Mann kennen, der an seinem 29. Geburtstag auf das Pferd mit der Nummer 9 setzte. Da der Mann selbst Astrologe war, wußte er die Zeichen zu deuten: Sein Geburtstag fiel auf einen Dienstag, der dem Planeten Mars untersteht. Dieser beherrscht wiederum den Widder. Die Farbe des Mars und des Widders ist Rot, und der Jockey des Pferdes hieß Red (engl., »rot«), das Pferd selbst hieß Iron (engl., »Eisen«), und Eisen ist das Metall, das dem Planeten Mars und dem Zeichen Widder zugeordnet wird. Da das Pferd als krasser Außenseiter galt, war die Gewinnspanne entsprechend hoch. Wie gesagt: Der Mann setzte einen hohen Geldbetrag auf dieses Pferd, das tatsächlich Sieger wurde, da der Favorit stürzte und zwei weitere Pferde disqualifiziert wurden.

So unglaubwürdig sich diese Geschichte auch anhören mag: Ich lernte diesen Astrologen während seiner Weltreise kennen, die er mit seinem Gewinn finanziert hatte.

Wer möchte, kann diese Entsprechungen auf die Tage eines Monats anwenden. Hier wären also der 9., der 18., der 19., der 27. und der 29. besonders günstig. Von noch größerem

Vorteil ist es, wenn ein solches Datum auf einen Dienstag fällt.

Eine weitere Steigerung ist möglich, wenn die Quersumme des untersuchten Datums ebenfalls 9 beträgt. Die Quersumme finden wir wie gesagt, indem wir die Ziffern eines Datums einfach zusammenzählen. Beispiel: 9.1.1970 = 9 + 1 + 1 + 9 + 7 + 0 = 27. 2 + 7 = 9.

Natürlich läßt sich dieses Spiel auch anwenden auf Autonummern, Hausnummern oder die Zahlen, auf die man beim Roulette setzt. Allerdings kann man alles so übertreiben, daß aus einer guten Sache eine schlechte wird.

Unglückszahlen

Unglückszahlen des Widders sind die 2, die 7 und die 8.

Die Anwendungsregeln sind die gleichen wie bei den Glückszahlen. Auch hier sollte man Übertreibungen vermeiden. Nur ein ausgesprochen dummer Widder läßt sich etwa den Partner seiner Träume durch die Lappen gehen, weil dieser zum Zeitpunkt des Kennenlernens 28 Jahre alt war.

Der aufmerksame Leser wird bemerkt haben, daß es Zahlen geben muß, die gleichzeitig Glücks- und Unglückszahlen sind, zum Beispiel 18 oder 27. Hier ist anzumerken, daß die Quersumme immer bedeutender ist als die letzte Ziffer. 18 und 27 sind also eher günstig als kritisch zu bewerten.

Ergänzungs- und Begegnungszahlen

Zu guter Letzt soll in diesem Zusammenhang noch die Ergänzungs- oder Begegnungszahl erwähnt werden. Diese ist beim Widder die 5. Alle Daten, die auf 5 enden und/oder als Quersumme 5 ergeben, sind für Begegnungen und zwischenmenschliche Kontakte aller Art besonders geeignet.

Mars regiert die Sternzeichen Widder und Skorpion

Der Widder und sein Umfeld

Der Widder und die anderen

Wer einen Widder zum Freund hat, hätte es schlechter treffen können. Wenn Sie jemanden wollen, der mit anpackt, wenn Not am Mann ist, dann sind Sie hier richtig. Ein Widder drückt sich nicht vor anstrengender Arbeit, erst recht nicht, wenn es darum geht, einem Freund beizustehen. Das fällt in die Kategorie Ehrensache. Wenn ein Freund von anderen angegriffen oder regelrecht fertiggemacht wird, kann ein Widder nicht anders, als dazwischenzugehen. Im Unterschied zu anderen Tierkreiszeichen denkt er über die möglichen Konsequenzen erst nach, wenn sowieso schon alles überstanden ist. Auch wenn er für sein uneigennütziges Engagement Federn lassen mußte, wird er dies niemals dem anderen vorhalten – schließlich war es seine persönliche Entscheidung. Und Kleinlichkeit kann ein halbwegs gesunder Widder sowieso nicht ausstehen.

Uneigennützigkeit

Allerdings sind selbst die geselligsten Mars-Geborenen im Grunde ihres Herzens Einzelgänger. Freundschaften haben deshalb eine um so größere Chance, je weniger sie an räumliche oder zeitliche Verpflichtungen gebunden sind. Ein unverbindliches und spontanes Treffen pro Monat scheint für viele das richtige Maß zu sein. Größere Intimität wird schnell als Beengung und Verpflichtung empfunden, denen man nicht gewachsen zu sein meint. Wundern Sie sich deshalb nicht,

Einzelgänger

wenn ein Widder sich immer mehr zurückzieht, je stärker Sie sich um eine Vertiefung der Freundschaft bemühen – er hat einfach Angst um seinen Freiraum und vor seinen eigenen Gefühlen. Erklären Sie ihm das ruhig, und Sie können sicher sein, daß Sie ihn damit endgültig in die Flucht geschlagen haben. Schließlich kann niemand aus seiner Haut, und auf Druck kann ein Widder nur mit Aggression oder Flucht reagieren. Konstruktive Auseinandersetzungen finden nicht statt, Punkt.

Unsicherheit

Beim forschen und manchmal regelrecht kecken Auftreten vieler Widder kommt man nur schwer darauf, wie schüchtern sie eigentlich sind. Keiner soll ihnen ihre Schwächen anmerken, und so reagieren sie auf das verletzende Verhalten anderer scheinbar gleichgültig, während sie insgeheim mühsam die Fassung wahren und so schnell wie möglich das Thema wechseln.

Glauben Sie bloß nicht, daß sie nachtragend wären, sie werden Ihnen künftig lediglich aus dem Weg gehen und mit allen Mitteln verhindern, daß Sie ihnen ein zweites Mal auf den Schlips treten können. In diesem Fall haben Sie noch Glück gehabt. Kessere Naturen drehen den Spieß um und werden bei jeder Gelegenheit, wo Sie sich über den Weg laufen, Ihnen mit einer passenden Stichelei den Wind aus den Segeln nehmen.

Typischen Widdern liegen gedrechselte Formulierungen nicht sehr. Wenn Sie sich um besonders kernige oder volkstümliche Ausdrücke bemühen, entsteht schnell unfreiwillige Komik oder schlimmstenfalls auch peinliches Schweigen. Man denke nur an die inzwischen zu einem geflügelten Wort gewordene Äußerung von Helmut Kohl: »Entscheidend ist, was hinten rauskommt.« Den echten Widder ficht das nicht an, er weiß, daß er öfter in Fettnäpfchen tritt, als ihm lieb ist. Doch zum Süßholzraspeln sind andere berufen. Ihre gelegentlichen Fehltritte nimmt ihnen auch niemand wirklich übel. Schließlich sind diese nicht böse gemeint. Oft genug entspannen Widder-Geborene damit sogar verkrampfte Situationen und retten (wenn auch durchaus unfreiwillig) so manche Party.

Fehltritte

Wie kann's der Widder mit den übrigen Tierkreiszeichen?

Entgegen der allgemein verbreiteten Meinung gibt es keine bestimmten Tierkreiszeichen, die automatisch gut zusammenpassen, während sich andere überhaupt nicht verstehen. Dies liegt nicht nur daran, daß unser Sonnenzeichen nur *ein* Aspekt unter vielen in unserem Horoskop ist.

Entscheidend ist ganz einfach der gute Wille zweier Menschen: Ein Liebespaar, das glücklich verliebt ist, wird sich kaum darum scheren, ob ihre Tierkreiszeichen aus astrologischer Sicht miteinander harmonieren oder nicht. Umgekehrt können Menschen Todfeinde sein, die der Theorie nach doch gut zusammenpassen müßten. Dennoch sind allgemeine Hinweise sinnvoll und nützlich, um feststellen zu können, wo Stolpersteine im Umgang miteinander liegen können und wo es besondere Chancen für eine gute Beziehung gibt.

♈ – ♈

Widder – Widder

Dies ist nicht immer eine ideale Kombination, denn zwei Hitzköpfe vertragen sich nicht unbedingt. Auch Choleriker haben bekanntlich etwas dagegen, wenn andere zu schreien anfangen.

Wenn sich zwei Widder allerdings wirklich mögen oder gar lieben, dann gibt es kaum ein Problem, das sie nicht gemeinsam meistern könnten. Zwei Widder, die sich einig sind, können Berge versetzen, da ihrer Energie, ihrem Willen und ihrem Tempo kaum jemand etwas entgegenzusetzen hat.

Energie

Es ist wie bei der Tarotkarte »Der Wagen« (siehe Seite 30), auf der ein Streitwagen dargestellt ist, welcher von zwei Widdern gezogen wird: Sie stürmen mit solcher Kraft durch alle Fährnisse des Lebens, daß sich ihnen kaum jemand entgegenzustellen wagt. Wer es dennoch versucht, läuft im wahrsten Sinne des Wortes Gefahr, unter die Räder zu kommen.

Streit und Auseinandersetzungen müssen Widderpaare jedoch meiden wie der Teufel das Weihwasser. Sie würden sich bis zur völligen Erschöpfung fertigmachen, da keiner von beiden bereit sein wird nachzugeben. Das Ergebnis sieht dann dem eines Profiboxkampfes nicht unähnlich – zumindest im übertragenen Sinne. Selbst wenn es am Ende einen Gewinner geben sollte, so wird dieser doch so viele Blessuren davontragen, daß von einem echten Sieg nicht die Rede sein kann.

Kämpfe

Eine solche Partnerschaft kann deshalb auf Dauer nur bestehen, wenn sich beide ständig gemeinsame ehrgeizige Ziele setzen. Dann allerdings sind die beiden, wie bereits gesagt, ein unschlagbares Gespann.

♈ – ♉

Widder – Stier

Gegensätzlichkeiten

Dies ist normalerweise alles andere als eine günstige Kombination. Der Widder braucht »Action«, der Stier möchte Sicherheit und Beständigkeit. Dem Widder kann nichts schnell genug gehen, der Stier möchte in Ruhe planen und überlegen. Der Widder liebt das Risiko, der Stier möchte das Erreichte nicht aufs Spiel setzen …

Ergänzung

Wenn allerdings das Interesse aneinander groß genug ist, so können sich diese so unterschiedlichen Zeichen perfekt ergänzen, denn der eine gleicht die Schwächen des anderen aus, und beide können von ihren Stärken profitieren. Ein Widder, der einen Stier liebt oder schätzt, wird dessen Rat ernst nehmen, während er sich sonst von niemandem etwas sagen läßt. Unbedachte und riskante Aktionen, die unnötig gefährlich sind, ohne daß außergewöhnliche Erfolgsaussichten den hohen Einsatz rechtfertigen, wird ein Widder dann nicht mehr unternehmen.

Umgekehrt wird der eher bedächtige und pragmatische Stier sich vom Widder zu mehr Lebenslust anstiften lassen und dadurch spontaner und genußfähiger werden. Wenn beide Seiten beständig daran arbeiten, ihre unterschiedlichen Temperamente zu verstehen und zu akzeptieren, sind außergewöhnliche und fruchtbare Partnerschaften möglich. Anderenfalls besteht die Gefahr, daß wachsende gegenseitige Verständnislosigkeit der Beziehung die Grundlage entzieht. Schneller, als man denkt, werden die beiden sich dann fremd, und keiner hat dem anderen mehr etwas zu sagen.

Verständnislosigkeit

In der Praxis hat sich gezeigt, daß Widder-Männer mit ihren Stier-Frauen oft besser dran sind, als ihnen selbst bewußt ist. Stier-Männer hingegen müssen sich oft anstrengen, um bei dem Tempo und der Energie ihrer Widder-Frau mithalten zu können.

♈ – ♊

Widder – Zwillinge

Wenige Zeichen passen so gut zum Widder wie der Zwilling: Beide sprühen vor Kraft und Energie, und als Freunde oder Liebespaar verstärkt jeder die positiven Eigenschaften des anderen ungemein. Hier besteht die besondere Chance, Nähe und Intimität zuzulassen, ohne daß einer von beiden seine Freiräume aufgeben müßte. Kommunikationsfähigkeit und Tatendrang werden hier zur denkbar besten Einheit verschmolzen. Für Paare, die gemeinsam ehrgeizige Ziele verfolgen wollen, kann man sich kaum eine günstigere Verbindung vorstellen.

Einheit

Doch für diese Beziehung gilt der Grundsatz: »Nur Action bringt Satisfaction.« Fehlt die innere Motivation oder der Anreiz von außen, läuft sich die Beziehung schnell tot, und man langweilt sich nur noch miteinander. Die gegenseitige Toleranz verwandelt sich dann in Gleichgültigkeit, und bevor die beiden es merken, geht jeder schon lange seiner eigenen Wege. Obwohl man gestern noch dachte, daß man sich blind versteht, ist man sich heute plötzlich völlig fremd geworden. Um eine solche unheilvolle Entwicklung zu vermeiden, heißt es also, am Ball zu bleiben und die Partnerschaft niemals als etwas Selbstverständliches zu betrachten.

Beziehungsarbeit

♈ – ♋

Widder – Krebs

In den meisten Büchern über Tierkreiszeichen wird diese Kombination als ausgesprochen ungünstig dargestellt. Die Erfahrungen des Autors sind anders: Wer eine besonders intensive Partnerschaft sucht, ist hier bestens aufgehoben. Widder besitzen einen gewissen Hang zur Oberflächlichkeit, damit sie sich mit unangenehmen Dingen nicht auseinandersetzen müssen – diesen Zahn bekommen sie vom Krebs blitzartig gezogen. Im Gegenzug erhält der gelegentlich ein wenig hausbackene und wenig aktive Krebs vom Widder den nötigen Ansporn, um seinen Hang zum Selbstmitleid zu überwinden und mehr Lebensfreude zu entwickeln. Sexualität und Emotionalität können hier eine ideale Verbindung eingehen, so daß diese Konstellation besonders für leidenschaftliche Beziehungen geeignet ist.

Leidenschaft

Allerdings kommt es immer wieder zu Kommunikationsproblemen und Mißverständnissen. Die Chancen, in einem Streit tatsächlich Probleme zu lösen, sind deshalb meist eher schlecht. Im Idealfall gibt es hier gemeinsame Freunde, die vermittelnd helfen können, ohne sich unangemessen einzumischen.

Verständigung

♈ – ♌

Widder – Löwe

In vielen Büchern über Tierkreiszeichen wird diese Beziehung als besonders günstig beschrieben. Dies gilt leider nicht ohne Einschränkung: Der Löwe möchte fast immer dominieren und der Boß sein. Löwen, die keinen gesunden Drang zum Herrschen haben, tarnen sich entweder besonders raffiniert, oder sie sind seelisch schwer angeschlagen und brauchen unbedingt jemanden, der ihr Selbstwertgefühl aufbaut. Für beides ist der Widder nur begrenzt zu haben. Schließlich legt er viel Wert auf seine Unabhängigkeit, er mag sich weder beherrschen lassen noch seinen Partner päppeln müssen.

Unstimmigkeiten

Allerdings besitzen beide Zeichen einen natürlichen Respekt voreinander, der sich besonders positiv in geschäftlichen und rein freundschaftlichen Verbindungen zeigt. Keiner überschreitet die Grenzen des anderen, und die üblichen Machtspielchen bleiben aus.

In Liebesbeziehungen ist besonders in der Anfangsphase eine ausgesprochen leidenschaftliche Sexualität möglich, die Meinungsverschiedenheiten schnell vergessen läßt. Paare, denen es gelingt, sich diese Leidenschaftlichkeit zu erhalten, werden sicherlich auch in der Lage sein, mit allen übrigen Herausforderungen des Lebens gemeinsam fertig zu werden. Anderen wird es gelingen, die sexuelle Anziehung um den Aspekt einer Herzensbindung zu erweitern. Auch diese Paare haben die denkbar besten Aussichten für eine glückliche gemeinsame Zukunft.

Sexuelle Anziehung

Beziehungen allerdings, die ohne besondere Leidenschaftlichkeit ihren Anfang nahmen, werden auch wenig Aussicht haben, sich zu einer harmonischen und tragfähigen Partnerschaft zu entwickeln. Die Gefahr, sich freundlich auseinanderzuleben, bevor man überhaupt richtig zueinandergefunden hat, ist groß. Manches Paar verbringt dann ein ganzes Leben damit, friedlich nebeneinanderher zu leben und sich miteinander zu Tode zu langweilen.

♈ – ♍

Widder – Jungfrau

Widder und Jungfrauen sind sich von ihrem Wesen her eher fremd. Doch das Fremde macht bekanntlich auch neugierig. Mit ein wenig gutem Willen können sich die beiden Partner hervorragend ergänzen, wenn erst einmal genügend Verständnis füreinander aufgebaut wurde.

Verständnis

Widder unterliegen häufig dem Irrtum, sich der Jungfrau gegenüber überlegen zu fühlen, da sie dazu neigen, forscher und kecker aufzutreten. Es braucht eine Weile, bis sie merken, daß sie vielleicht schneller und mit größerer Lautstärke handeln, aber nicht unbedingt effektiver. Wo der Widder spontan reagiert, überlegt die Jungfrau erst und erreicht dadurch mit weniger Aufwand oft mehr. Der Widder-Partner muß lernen, für eine erfolgreiche Partnerschaft sein Dominanzstreben zurückzunehmen, um unnötige und belastende Auseinandersetzungen zu vermeiden. Die Jungfrau hingegen ist gefordert, sich vom heftigen Temperament des Widders nicht ins Bockshorn jagen zu lassen. Zu Beginn einer Bekanntschaft neigt die Jungfrau dazu, den Widder fast kritiklos zu bewundern, was sich dieser nur allzugern gefallen läßt. Es wird ihr schwerfallen, auch nur angemessen zu Wort zu kommen, denn bevor sie einen Gedankengang des vor Ideen übersprudelnden Widders nachvollzogen hat, ist dieser schon längst bei einem anderen Thema. So entsteht schnell der Trugschluß, daß ihr Gegenüber praktisch alles weiß und kann und es kein Problem gibt, das dieses nicht in kürzester Zeit lösen könnte. Staunend nimmt sie dessen Mut und Selbstbewußtsein zur Kenntnis, während sie selbst eher vorsichtig und voller Zweifel zu Werke geht. Schnell findet sie jedoch heraus, daß der Widder ein wenig dazu neigt, zu handeln, bevor er nachgedacht hat. Auch sein Hang, die Dinge in einem für ihn günstigen Licht erscheinen zu lassen, entgeht ihr nicht. So weicht die Bewunderung bald einer eher kritischen Haltung, und mit Kritik tun sich Widder nicht gerade leicht.

Lernbereitschaft

Wenn beide fähig und willens sind, diese Klippen zu umschiffen, können sich in dieser Verbindung Spontaneität und Sorgfalt, Geschwindigkeit und Gründlichkeit auf faszinierende Weise ergänzen. Der Weg zu einer trag-

Verbindung

fähigen Beziehung ist hier nicht einfach. Doch ist eine solche gelungen, wird es kaum eine Herausforderung geben, der die beiden nicht gewachsen wären.

♈ – ♎

Widder – Waage

Wenn zwei Tierkreiszeichen wie füreinander geschaffen sind, dann diese. Der Widder als Einzelkämpfer sehnt sich nach einem hingebungsvollen, romantischen und begegnungsorientierten Partner. Die Waage wünscht sich ein temperamentvolles Gegenüber, das den Herausforderungen des Lebens entschlossen entgegentritt. Beide glauben fest daran, daß die wahre Liebe alle Hindernisse überwindet. Und für diese Konstellation ist das auch bestimmt richtig.

Liebe

Mag sein, daß ihre Freunde und Bekannten über die beiden nur ungläubig den Kopf schütteln und sich fragen, was zwei so unterschiedliche Menschen nur aneinander finden können, der eine forsch und draufgängerisch, der andere vorsichtig und harmoniesüchtig. Doch gilt für die beiden das Sprichwort »Gegensätze ziehen sich an« in uneingeschränktem Maße. Sie passen tatsächlich zusammen wie der Schlüssel und das Schloß. So nimmt es auch nicht wunder, daß hier die Liebe auf den ersten Blick öfter vorkommt als bei anderen Tierkreiszeichen. Man kann sogar sagen, daß sich solche Paare entweder auf Anhieb hervorragend verstehen oder gar nicht. Zwar mag es aus verschiedenen Gründen eine Weile dau-

Harmonie

ern, bis die beiden endgültig zueinanderfinden, doch ist die Entscheidung in Wahrheit schon beim ersten Zusammentreffen gefallen. Mag sein, daß die Waage auf die Eroberungsversuche des Widders erst einmal zurückhaltend reagiert, doch liegt dies nur in den seltensten Fällen daran, daß sie seine Gefühle nicht erwidert. Im Gegenteil: Sie möchte sich davon überzeugen, daß sie sich der Gefühle des Widders sicher sein kann.

Leidenschaft

Echte Partnerschaften zwischen diesen Zeichen sind so gut wie immer ausgesprochen leidenschaftlich. Dies schließt natürlich Auseinandersetzungen, Streit und Eifersucht mit ein. Doch gefährdet dies die Partnerschaft keineswegs, vielmehr intensiviert es die Gefühle füreinander noch.

Am besten verstehen sich die beiden, wenn sie allein sind. Nur selten wird sich der Freundeskreis des Widder-Partners mit dem der Waage verstehen und umgekehrt, dafür sind die zwei – aus der Sicht Außenstehender – einfach zu verschieden. Doch das ist weiter kein Problem, da die beiden ihre gemeinsame Zeit so intensiv wie möglich nutzen möchten, und da wären Dritte nur störend.

Freunde

Im Laufe der Jahre schafft sich das Paar einen neuen, gemeinsamen Freundeskreis, doch ist es für eine harmonische Partnerschaft auch wichtig, daß keiner der beiden seine alten Bekanntschaften aufgibt. Das verhindert, daß sich die zwei zu sehr aneinander anpassen. Auf diese Weise kann eine Beziehung noch nach vielen Jahren so intensiv und temperamentvoll wie am Anfang sein.

♈ – ♏

Widder – Skorpion

Hier treffen zwei von Mars beherrschte Zeichen aufeinander. Dennoch scheinen sich die echten Gemeinsamkeiten bereits in dieser

Tatsache zu erschöpfen. Skorpione lieben das Hintergründige, Geheimnisvolle und Rätselhafte. Sie stecken voller unergründlicher Tiefe, so daß sie sich meist selbst nicht verstehen. Daher haben sie eine gewisse Ähnlichkeit mit der Sphinx, während der Widder dem Ödipus gleicht, dessen Leben davon abhängt, ob

es ihm gelingt, ihre kaum lösbaren Fragen zu beantworten. Findet er jedoch die Antwort, so ist dies das Ende der Sphinx.

Schwierige Partnerschaft

Es handelt sich also um ein Spiel auf Leben und Tod, bei dem es schließlich nur einen Gewinner geben kann. Zum Glück ist die Situation in der modernen Wirklichkeit nicht ganz so dramatisch, doch gestaltet sich die Verbindung dieser beiden Tierkreiszeichen sicher schwieriger als manche andere Beziehung. Bei harmonischen Partnerschaften werden fast immer andere Horoskopfaktoren wie der Aszendent oder die Mond-Position einen Ausgleich schaffen.

Blockaden

Ansonsten ist die Gefahr groß, daß sich beide Partner gegenseitig blockieren. Der Widder wird sich durch den Skorpion in seinem Freiheitsdrang beschnitten und in seiner Selbstachtung in Frage gestellt fühlen. Der Skorpion leidet unter dem Dominanzstreben und der mangelnden Ernsthaftigkeit des Widders. Der Skorpion schätzt es, sich tiefgründig mit Problemen auseinanderzusetzen, der Widder liebt hingegen einfache und effektive Lösungen. Der Skorpion hat in der Regel viel Familiensinn und dementsprechendes Verantwortungsgefühl, der Widder konzentriert sich lieber auf die Partnerschaft, der Verwandtschaft möchte er in seinem Privatleben nicht allzuviel Platz einräumen.

Gefahren

Von beiden Zeichen ist in aller Regel der Skorpion der Raffiniertere mit dem größeren psychologischen Talent. Damit hat der sonst so durchsetzungsfähige Widder kaum eine Chance. Mit seiner direkten, offenherzigen Art verstrickt er sich schnell im Netz des Skorpions. In solchen – zum Glück recht seltenen – Fällen wird der Widder dann bald zu einer traurigen Karikatur seiner selbst. Sogar gegen offensichtlich ungerechtes Verhalten seines Partners kann er sich nicht mehr angemessen zur Wehr setzen. Er wird sich dem Willen des Skorpions nahezu vollständig unterwerfen, da er auch (vorläufig) die Fähigkeit verloren hat, sich von der Beziehung zu distanzieren oder sich gar zu trennen. So entsteht ein Teufelskreis: Der Skorpion nimmt dem Widder seine Eigenständigkeit, um anschließend darunter zu leiden, daß er mit einem Pantoffelhelden liiert ist. Dies führt zu weiterer Bevormundung, die das Problem natürlich nicht lösen, sondern nur noch verstärken kann.

Widder ist ein Feuerzeichen, Skorpion ein Wasserzeichen. Wenn Feuer und Wasser aufeinanderstoßen, kann nur das Feuer verlieren: Es wird gelöscht.

Dennoch gibt es Beziehungen, in denen der Widder-Partner dominiert, was in Wahrheit bedeutet, daß die Kräfte auf beiden Seiten ausgeglichen sind. In solchen Fällen kann der Widder dem Skorpion helfen, Herr seiner zahlreichen Schuldgefühle zu werden und sich aus Verpflichtungen zu lösen, an denen dieser aus Angst, auf sich allein gestellt zu sein, oder aufgrund übertriebener moralischer Skrupel festhält. Der Widder hingegen kann lernen, daß Offenheit und Direktheit nicht immer der beste Weg sind, um die Schwierigkeiten des Lebens zu meistern. Er wird ein Gespür dafür entwickeln, wann man sich besser bedeckt hält, statt offen zu reden, und welche Beziehungen für die Verwirklichung beruflicher In-

Möglichkeiten

teressen hilfreich und welche schädlich sind. Er wird lernen, sich zu jedem Anlaß passend zu kleiden und die Ausdrucksweise zu wählen, die in einer bestimmten Situation am besten ankommt. Für einen Widder, der gesellschaftliche Anerkennung sucht oder beruflich Karriere machen möchte, können derartige Fähigkeiten von unglaublichem Nutzen sein, auch wenn es sicherlich großer Ausdauer und harter Arbeit an sich selbst bedarf, um sie zu erwerben.

Der Skorpion-Partner hingegen bekommt die Chance, sich beim Widder anzuschauen, wie man selbständig und selbstverantwortlich handelt.

Gemeinsame Kraft

Paare, denen es gelingt, die sicher zahlreichen Hürden zu überwinden, die einer harmonischen Beziehung im Wege stehen, werden zu einem unschlagbaren Team. Gemeinsam können sie Herausforderungen und Schwierigkeiten meistern, denen sich andere noch nicht einmal zu stellen wagen.

♈ – ♐

Widder – Schütze

Spontanes Verständnis

Die Verbindung dieser Tierkreiszeichen ist besonders vielversprechend. So gut wie immer werden sich beide auf Anhieb verstehen. Der Schütze hat keine Probleme mit der manchmal ein wenig undiplomatischen Art des Widders. Dies wird vom Widder instinktiv wahrgenommen und läßt ihn sich offener äußern und mehr aus sich herausgehen, als er das normalerweise tut. Er fühlt sich in der Gesellschaft des Schützen wohl, zumal sich dieser aufrichtig für das, was der Widder zu erzählen hat, interessiert. Er ist einfach von dessen Direktheit und Vitalität fasziniert. Der Widder wiederum schätzt die Toleranz, Weltoffenheit und Gelassenheit des Schützen sowie dessen geistige Unabhängigkeit.

Mißklänge

Mißklänge können entstehen, wenn der Schütze von seinen Ansichten allzusehr überzeugt ist und meint, den Widder bekehren zu müssen. Dieser wird trotz aller Faszination hier schnell auf Abstand gehen, denn im (geistigen) Kielwasser eines anderen zu schwimmen war noch nie seine Sache. Umgekehrt wird sich der Schütze gelegentlich mit der rein pragmatischen Lebenssicht des Widders schwertun, der wiederum mit philosophischer Abgehobenheit nur wenig anfangen kann. Da die Gemeinsamkeiten überwiegen, werden solche Persönlichkeitsunterschiede nur selten zu einem ernsthaften Problem werden.

Ergänzung

Der scheinbar unerschöpfliche Ideen- und Phantasiereichtum des Schützen kann für ihn selbst zu einer regelrechten Handlungsblockade werden, da es ihm bei seinen vielen Chancen und Möglichkeiten schwerfällt, eine Auswahl zu treffen und das Machbare dann auch in die Tat umzusetzen. Hier kann ihm die praktische Ader des Widders von unschätzbarem Nutzen sein: Mit sicherem Instinkt läßt er sich von den Visionen des Schützen begeistern, wenn er spürt, daß sie sich auch verwirklichen lassen. Und während der Schütze noch mitten in seinen theoretischen Ausführungen steckt, hat der Widder bereits begonnen, dessen Ideen in die Tat umzusetzen.

Die Weitsicht des Schützen hingegen bewahrt den Widder vor unüberlegten und allzu riskanten Handlungen. Beiden gemeinsam ist die optimistische Lebenseinstellung und die Lust am Abenteuer. In geschäftlicher Zusammenarbeit kann dies ausgesprochen nützlich sein, insbesondere wenn es um innovative, kreative Projekte geht.

Gemeinsame Projekte

Aber auch in Liebesbeziehungen ist eine solche Konstellation außergewöhnlich erfolgversprechend. Dies gilt in besonderem Maße für Paare, die auch beruflich zusammenarbeiten oder gemeinsam sozial oder gesellschaftlich engagiert sind.

♈ – ♑

Widder – Steinbock

In den meisten Astrologiebüchern wird diese Verbindung als uneingeschränkt problematisch angesehen und gilt demnach als hoffnungslos zum Scheitern verurteilt. Glücklicherweise gibt es dazu auch Gegenbeispiele. Beide Zeichen können sich unter bestimmten Voraussetzungen hervorragend ergänzen, auch wenn ihre Temperamente sehr unterschiedlich sind. Der Widder mag zu voreiligem Handeln neigen, während der Steinbock vielleicht allzu vorsichtig oder gar zögerlich an die Dinge herangeht.

Unterschiedliche Temperamente

Doch können beide viel voneinander lernen: Der Steinbock kann dem Widder vermitteln, wie man sein Leben möglichst effektiv organisiert und plant. Er weiß, wie man sich auf dem gesellschaftlichen Parkett bewegen muß, welche Behörde für bestimmte Genehmigungen zuständig ist und auf welche Weise man bei Rechtsstreitigkeiten den richtigen Anwalt findet.

Ergänzung

Der Widder hingegen kann dem Steinbock ein Vorbild sein, wenn es darum geht, sich von den Schatten der Vergangenheit zu lösen und voller Energie einen Neuanfang zu wagen. Er kann zeigen, wie man intuitiv unerwartete Probleme meistert, denen der Steinbock ohne Ratschläge hilflos gegenüberstände. Auch in persönlichen Auseinandersetzungen kann der Steinbock vom Widder lernen, vermag sich dieser doch kaum angemessen zu wehren, wenn sich jemand über die Spielregeln des guten Benehmens einfach hinwegsetzt und sich ihm gegenüber beleidigend oder unverschämt verhält. Der Widder hätte den Angriff schon längst mit gleicher Münze zurückgezahlt, während der Steinbock noch darüber nachsinnt, wie er sich in einer solchen Situation angemessen verhalten könnte.

Gemeinsamkeiten

So unterschiedlich diese beiden Tierkreiszeichen auch sind, gemeinsam ist ihnen ihr Eigensinn und ihre Starrköpfigkeit. Außenstehende werden sich kopfschüttelnd fragen, wie ein solches Paar es fertigbringt, selbst über Nebensächlichkeiten stundenlang erbittert zu debattieren, um dann endlich einen Kompromiß zu finden, der beiden recht gibt und keinen das Gesicht verlieren läßt.

So mancher wird es sich deswegen zweimal überlegen, bevor er mit einer Widder-Steinbock-Verbindung in den Urlaub fährt. Doch zum Glück lernen die meisten mit der Zeit den Klärungsbedarf bei Alltagsthemen deutlich einzuschränken – schließlich ist ja jede Diskussion irgendwann einmal bereits geführt worden –, und nichts entnervt einen Widder mehr als endlose Wiederholungen. Auf der anderen Seite können Widder-Steinbock-Paare gerade wegen ihrer Verschiedenartigkeit soviel voneinander lernen, und das braucht eben seine Zeit und kann nicht ganz ohne Reibereien gelingen.

In Freundschaften und Geschäftsbeziehungen kommt die Motivation, die schwierige Anfangsphase meistern zu wollen, tatsächlich häufig aus der bewußten oder unbewußten Einsicht, daß sich die »Investition« für beide Seiten früher oder später lohnen wird.

Investition

In Liebesbeziehungen ist es oft eine außergewöhnlich starke erotische Anziehung, welche die großen Temperamentsunterschiede vergessen läßt und vielen Auseinandersetzungen die Spitze nimmt. In Verbindungen, die diese Phase heil überstehen, haben beide Partner gelernt, den anderen so zu nehmen, wie er ist, und die völlig unterschiedliche Persönlichkeit des anderen als Bereicherung und nicht als Manko aufzufassen. Dort, wo sie ein gemeinsames Lebenskonzept aufgebaut haben, ziehen sie an einem Strang, und kaum jemand hat noch eine Chance, einen Keil zwischen die beiden zu treiben, dafür haben sie sich die gemeinsame Basis zu hart erarbeitet. Bei Themen hingegen, bei denen die Persönlichkeits- und Temperamentsunterschiede unüberbrückbar sind, läßt man sich gegenseitig so viel Freiraum, daß keiner den anderen behindert.

Gemeinsame Basis

Widder-Steinbock-Verbindungen sind also keine Partnerschaften, die ohne weiteres auf

Anhieb problemlos »funktionieren«. Dafür sind sie zur gegenseitigen Persönlichkeitsentwicklung um so nützlicher. Und ohne Herausforderungen gibt es nun einmal kein seelisches Wachstum.

♈ – ♒

Widder – Wassermann

Interessante Verbindung

Dies ist eine der interessantesten Verbindungen zwischen zwei Tierkreiszeichen. Widder und Wassermann sind ausreichend verschieden, um sich nicht in die Quere zu kommen, und ähnlich genug, um hervorragend zusammenzupassen.

Die wenigen Widder-Geborenen, die probieren, einen Wassermann herumzukommandieren, geben diesen zum Scheitern verurteilten Versuch sehr schnell wieder auf. Wassermänner lassen sich von jedem Vorschriften machen – um umgehend das Gegenteil von dem zu tun, was man von ihnen verlangt. Wenn es ein Tierkreiszeichen gibt, das eine natürliche Abneigung gegen Vorgesetzte und Befehle hat, dann dieses. Manche versuchen es deshalb mit dem Trick, ihnen das Gegenteil von dem vorzuschreiben, was sie eigentlich erreichen wollen. Doch solche Experimente sind ungefähr so erfolgreich, wie einem Teenager das Rauchen zu befehlen – in der Hoffnung, daß er es dann aus Protest läßt. Widder halten grundsätzlich nichts von raffinierten Manipulationen – was einer nicht freiwillig tut, soll er eben lassen. Das mag nicht unbedingt für das Berufsleben gelten, aber für ihren persönlichen Umgang.

Faszination

Was Wassermänner an einem Widder fasziniert, ist der Charme der Unverblümtheit. Sie sind es gewohnt, mit charmanten Lügen umzugehen, sie wissen, wie man sich Menschen entzieht, die einem Schuldgefühle machen wollen, und sie können sich gegen Erpressungen zur Wehr setzen. Wenn einer jedoch geradeheraus sagt, was er denkt und will, sind sie erst einmal sprach- und anschließend wehrlos. Nicht umsonst spricht man hier von entwaffnender Offenheit. Viele Wassermänner sind von dieser Charaktereigenschaft des Widders so fasziniert, daß dies bereits ausreicht, um sich in ihn zu verlieben. Der Widder schätzt am Wassermann wiederum das Außergewöhnliche und Exotische. Für ihn ist der Wassermann wie ein Paradiesvogel in einer ansonsten grauen Alltagswelt. Der Widder bewundert die Fähigkeit des Wassermanns, sich gesellschaftlichen Konventionen zu entziehen, und er ist fasziniert von dessen Mut zum eigenen Stil. So verbindet diese so verschiedenen Charaktere schon zweierlei: die Abneigung gegen jede Form von Anpassung und Unterdrückung und der Mut, auch gegen äußeren Widerstand seinen eigenen Weg zu gehen.

Freiheiten

In Partnerschaften, die auf Dauer angelegt sind, ist es selten ein Problem, daß sich beide genügend Freiheiten einräumen, dies ist für zwei so eigenständige Naturelle eine der leichtesten Übungen. Eine größere Schwierigkeit ist es, die Angst vor Nähe zu überwinden und sich ohne Wenn und Aber auf den anderen einzulassen. Insbesondere der Wassermann hat hier manchmal Probleme. Glaubt er doch unbewußt, daß er, wenn er sich auf den Widder einläßt, auf der Stelle dafür bestraft wird. Das ist natürlich Unsinn, Denken und Handeln des Widders sind nun einmal geradlinig und nicht so komplex und verwinkelt wie beim Wassermann. Manche erfolgversprechende Partnerschaft ist allerdings schon daran gescheitert, daß der Wassermann zu lange zauderte und sich weder zu einem klaren Ja noch zu einem eindeutigen Nein durchringen konnte. Zwar kämpft der Widder engagiert um sein Glück, doch seine Geduld währt nicht ewig. So hat es schon häufiger Fälle gegeben, in denen das lang ersehnte Ja des Wassermanns um einige Tage zu spät kam.

Entscheidung

Paare dieser Konstellation sollten deshalb genau prüfen, ob sie beieinanderbleiben wollen, sich bei der Entscheidung jedoch nicht unnötig viel Zeit lassen. Sonst regeln sich die Dinge von allein, ohne daß dies immer im Sinne der Beteiligten wäre.

♈ – ♓

Widder – Fische

Fremdheit

Diese beiden Tierkreiszeichen sind sich so fremd, daß man fast glauben könnte, sie kämen von verschiedenen Planeten. Dennoch sind Bemühungen um eine harmonische Partnerschaft nicht aussichtslos: Zum einen können andere Horoskopfaktoren, insbesondere Aszendent und Mond, einen Ausgleich schaffen, zum anderen kann Wesensfremdheit in günstigen Fällen die Neugier kräftig anheizen.

Fische sind nur äußerst selten Kämpfernaturen, jede Form der Auseinandersetzung ist ihnen zuwider, und Streit und Gewalt sind ihnen ein echtes Greuel. So tun sie sich anfangs schwer mit dem Widder-Temperament, das noch ganz von den Gesetzen des Dschungels geprägt ist: »fressen und gefressen werden«. Der Widder wird alles tun, um nicht zu denen zu gehören, die »gefressen« werden.

Fische hingegen sind Idealisten, sie weigern sich, daran zu glauben, daß es nicht für jedes Problem eine friedliche und einvernehmliche Lösung gibt. Sie sind davon überzeugt, daß alles nur eine Frage des guten Willens und der Toleranz ist.

Diese Einstellung erscheint dem Widder – gelinde gesagt – ein wenig weltfremd, er kann darin bestenfalls eine schöne Utopie sehen, von deren Verwirklichung wir noch Lichtjahre entfernt sind.

Verbindung

Was beide Zeichen miteinander verbindet, ist jedoch ihr tiefverwurzelter Gerechtigkeitssinn. Die Fische sind nicht so unrealistisch, zu glauben, daß es in unserer Welt keine Unterdrückung, keine Diskriminierung oder keine Benachteiligung von Schwachen gäbe. Zwar sind sie davon überzeugt, daß mit Aufklärung und Verhandlungen diese Probleme langfristig gelöst werden können, doch kann sich ein Widder ihrer Sympathie sicher sein, der sich für die Rechte anderer einsetzt, auch wenn sie mit der Wahl der Mittel nicht immer einverstanden sind.

Verschiedene Strategien

Das Fische-Temperament irritiert einen echten Widder sehr: In Situationen, in denen er schon wie das berühmte HB-Männchen vor Zorn und Wut an der Decke klebt, sitzt der Fisch immer noch in aller Ruhe am Tisch und diskutiert mit dem vermeintlichen Bösewicht. Viele beleidigende und ehrenrührige Äußerungen wird ein Fisch gar nicht als solche empfinden – er fühlt sich einfach nicht betroffen. Ein Widder fühlt sich immer gemeint – daher die so unterschiedlichen Reaktionen auf ein und dieselbe Situation.

Lernen

So kann ein Widder vom Fisch mehr innere Gelassenheit lernen; das ist gut für den Blutdruck, die Nerven und ein friedliches Zusammenleben. Der Fisch hingegen kann sich ein wenig mehr praktischen Realitätssinn erwerben, schließlich nützt die schönste Utopie nichts, wenn jemand gerade damit beschäftigt ist, einem die Geldbörse zu klauen.

Toleranz

In Partnerschaften ist hier die größte Herausforderung gegenseitige Toleranz. Der Widder braucht die Konfrontation, die direkte Auseinandersetzung. Hier hat er beim Fisch keine Chance, dieser wird sich niemals auf einen offenen Streit einlassen; zum einen, weil es nicht seine Art ist, zum anderen, weil er weiß, daß er so gegen den Widder nur verlieren kann. So wird er in den meisten Fällen dem Widder einfach recht geben und ihm kampflos das Terrain überlassen. Das Ergebnis ist für den Widder verheerend: Er fühlt sich wie ein Boxer, dessen Gegner zu Beginn der ersten Runde ohnmächtig wird, bevor auch nur ein Schlagabtausch stattgefunden hat. So hat er zwar gewonnen, doch der Sieg schmeckt schal und kann nicht befriedigen. Der Fisch hingegen setzt seine Interessen so geschickt durch, daß der Widder überhaupt nicht merkt, daß eine Auseinandersetzung stattgefunden hat. Unmerklich hat er sich die Ansichten des Fische-

Auseinandersetzung

Partners zu eigen gemacht und vertritt nun dessen Interessen voller Überzeugung als die eigenen. Der letzte, der gegen diese Situation etwas unternehmen würde, ist natürlich der Fisch.

So hat der Widder nicht ganz zu Unrecht das Gefühl, daß er gegen den Fisch nicht ankommt. Er fühlt sich dann schnell untergebuttert, ohne jedoch genau sagen zu können, was das eigentliche Problem ist. Doch zum Glück wissen Fische ganz genau, daß für eine harmonische Partnerschaft beide Seiten zufrieden sein müssen, keiner darf sich benachteiligt fühlen.

Harmonie

Die häufigste Lösung, die Widder-Fische-Paare finden, liegt darin, daß Freunden gegenüber oder bei gemeinsamen gesellschaftlichen Unternehmungen der Widder nach Herzenslust dominieren darf. Dies schafft oft einen fairen Ausgleich für seine Unterlegenheitsgefühle im Privatleben.

Was sonst noch zum Widder paßt

In diesem Kapitel sind Entsprechungen des Widder-Prinzips – sogenannte Analogien – zusammengestellt. Darunter versteht man in diesem Zusammenhang Ähnlichkeiten und Verwandtschaften, die sich einem Tierkreiszeichen zuordnen lassen, ohne daß sie ursächlich, also kausal, miteinander verbunden wären.

Wie aber können diese Analogien praktisch genutzt werden? Wenn Sie selbst ein Widder sind und die positiven Eigenschaften Ihres Tierkreiszeichens fördern und betonen wol-

Entsprechungen

len, können Sie unter den im folgenden aufgeführten Entsprechungen diejenigen aussuchen, die Ihnen besonders zusagen, und sie in Ihr Leben einbeziehen.

So können Sie zum Beispiel bevorzugt Kleidung in den Farben tragen, die Ihrem Tierkreiszeichen entsprechen. Sie können das Essen mit Gewürzen verfeinern, in Ihren Garten die Pflanzen setzen, an Orte in den Urlaub fahren, die Hobbys oder Berufe wählen, die zu Ihrem Tierkreiszeichen passen, und so weiter. Obwohl es sich hier nur um eine allgemeine Typologie handelt, werden Sie bald erstaunliche Wirkungen feststellen: Sie finden immer mehr zu sich selbst und entwickeln ein immer genaueres Gespür dafür, was zu Ihnen paßt, was Ihnen guttut und was Sie eher meiden sollten. Ihre Gesundheit und Ihr seelisches Gleichgewicht werden davon profitieren.

Selbstfindung

Wenn Sie einen Widder kennen und schätzen, kann Ihnen diese Liste zum Beispiel bei der Suche nach einem passenden Geschenk helfen. Wenn Ihr Kind ein Stier ist, können Sie Anregungen für den passenden Sportverein finden und so fort. Der kreativen Phantasie sind hier kaum Grenzen gesetzt.

Geschenke

Farben: alle leuchtenden, feurigen Farben, vor allem Rot. (Rot wirkt stark aktivierend, weckt die Energie, fördert die Entschlossenheit und kraftvolles Streben. Rot als Farbe des Feuers kennzeichnet ebenso wie Mars das hitzige, cholerische Temperament.)
Geruch: intensiv, scharf, beißend, ätzend, brenzlig, durchdringend, ätzend, alles, was zu Husten oder Tränen reizt.
Geschmack: alle scharfen und erhitzenden Geschmacksrichtungen.
Signatur (Form und Gestalt): scharf, spitz, scharfkantig, lanzettförmig, kräftig (zum Beispiel Messer, Nadel, Nagel, Meißel, Hobel, Skalpell, Hacke, Bügeleisen).
Pflanzen allgemein: alle schnell wachsenden Pflanzen, Pflanzen, die auf der Haut brennen, stechen, jucken oder Blasen ziehen, grellfarbige, oft stinkende Pflanzen, Pflanzen mit Dornen bzw. Stacheln, Distel, Brennessel, Zwiebel, Kaktus, Knoblauch, Tabak.

Pflanzen

Bäume, Sträucher: schnell wachsende wie zum Beispiel Akazie, Zypresse, Fichte, Berberitze, Stachelbeere, Teestrauch, Kaffeestrauch, Koka.

Gemüse, Obst: scharfe Paprika (Peperoni), Chili, Rettich, Radieschen, Meerrettich, Knoblauch, Senf, Zwiebel, Lauch, Kaktusfeige, Stachelbeere, Hagebutte.

Blumen: Klatschmohn, Arnika, rote Geranie, rote Rose, alle Blumen, die über Blüten mit leuchtenden Farben verfügen.

Gewürze: Pfeffer, scharfer Curry, Paprika, Chilipulver, Ingwer, Cayennepfeffer.

Heilpflanzen

Heilpflanzen: Brennessel, Ingwer, Arnika, Silberdistel, Baldrian, Knoblauch, Weißdorn.

Tiere: allgemein angreifende, jagende Tiere, zum Beispiel Widder, Wolf, Jagdhund, Tiger, Panther, Hai, Schwertfisch, Hecht, Barsch, Stachelrochen, Greifvögel (Habicht, Falke, Bussard, Spechtarten), aggressive Insektenarten (Wespen, Hornissen, Mücken, Flöhe).

Materialien: Metalle, Eisen und leicht brennbare Materialien wie zum Beispiel Holz.

Mineralien: Eisen, Magneteisenerz, Feuerstein, Schwefel (alles Feurige, Rötliche, Schweflige), Hämatit, Rubin, heller Granat, roter Turmalin, Limonit, Siderit, Blutstein, Diamant.

Landschaften: heiße und trockene Landschaften, dürre Steppe (zum Beispiel die Feuerberge auf Lanzarote); dorniges Buschwerk, rauhes Klima, steinige Hänge (Big Sur); Landschaften, die einen Überlebenskampf fordern.

Beruf

Berufe: Sportler, Rennfahrer, Boxer, Fechtlehrer, Dompteur, Jäger; Mediziner (besonders Chirurg und Zahnarzt), Physiker; Polizist, Militär, Sicherheitsbediensteter (Verteidigung); Politiker, Waffenhersteller, Schmied, Maschinenbauer (Schneide-, Bohr- und Fräswerkzeuge), Maschinenhändler, allgemein Technikerberufe; Graveur, Bildhauer, Handwerker, Heizer, Schweißer, Feuerwehrmann, Brauer, Schnapsbrenner, Metzger.

Hobbys

Hobbys, Sportarten: Jagen; Judo, Aikido, Karate, Schießen (Kampfsportarten); Fünfkampf (Hochsprung, Weitsprung); Wettrennen, Autorennen, Boxen, Gymnastik; Squash; Cowboyspiele; Holzschnitzerei, Kunstschreinerei, Kunstschmieden, Gravieren; Trommeln, rhythmische Musik; Krafttraining.

Verkehrsmittel: Jeep, Motorrad, Rennrad, Sportwagen, Autos allgemein.

Wohnstil: Einrichtung eher praktisch als ästhetisch, viel Holz, eher improvisiert als durchdacht.

Wochentag: Dienstag (franz. *mardi* = »Tag des Mars«).

Gesellschaftsformen: Jäger- und Nomadenvölker; Militärdiktaturen; Rittertum.

Entsprechungen auf der Ebene des menschlichen Körpers: Kopf, Zähne, Nägel, Haare, Gallenblase, die Muskulatur, Arterien (»Schlag«-ader), Hämoglobin (der rote Blutfarbstoff), Adrenalin, Noradrenalin, Nebennieren.

Krankheiten

Krankheiten allgemein: akute und heftig verlaufende Erkrankungen (besonders Entzündungen), alle Arten von Schmerzen und Schmerzzuständen, Fieber, Verletzungen, Keuchhusten, Kopfschmerzen, Karies, Gehirnhautentzündung, Augenerkrankungen, Gesichtsneuralgien (Trigeminusnerv), Zahnschmerzen, Gallenblasenleiden (bzw. -koliken), Erschöpfungszu-

stände (Kräfteverausgabung), Krämpfe; Eisenmangel und Eisenüberschuß und die damit verbundenen Stoffwechselstörungen.
Zahlen: die 9 und ihre Vielfachen.

Ein typisches Widder-Märchen: Die drei Prinzen von Samarkand

In Samarkand lebte einmal ein Sultan, der hatte drei Söhne. Sie waren sein ganzer Stolz, und so beschloß er eines Tages, jedem von ihnen einen Wunsch zu erfüllen. Zuerst fragte er Badialzaman, seinen ältesten Sohn. Der Prinz wünschte sich ein Schloß aus goldenen und silbernen Steinen; und so geschah es, das Schloß wurde gebaut. Doch noch ehe es fertig war, wurde er ungeduldig und legte sich gegen den Rat des Vaters darin schlafen.

Um Mitternacht weckte ihn ein Getöse: Der Boden spaltete sich, und ein garstiger Riese kam hervor, der brüllte ihn an: »Wie kannst du es wagen, deinen Palast gerade über dem Schloß meiner ältesten Tochter zu bauen?« Und er tippte die Mauern an, daß sie in Schutt und Staub zerfielen. Zornig folgte der Prinz dem Riesen, sein Schwert in der Hand, doch dieser war schneller und verschwand in einem Brunnen. Kleinlaut und mißmutig mußte er seinem Vater gestehen, was geschehen war.

Nun war sein jüngerer Bruder, Ghajath-ed-Din, an der Reihe. Er wünschte sich ein Schloß aus lauter Fischgräten, und auch diesen Wunsch gewährte der Sultan. Doch es erging ihm wie seinem Bruder: Der Riese erschien um Mitternacht, als er schlief, und zerstörte seinen Palast, der über dem Schloß seiner zweiten Tochter stand. Vergebens verfolgte er den Riesen und mußte unverrichteterdinge zurückkehren.

»Wähle du klüger, Rostem, mein jüngster Sohn«, sprach da der Sultan, und Rostem wünschte sich ein Schloß ganz aus Kristallgestein. Wir wollen doch sehen, ob ich diesem Kerl nicht trotzen kann, dachte er bei sich.

Er legte sich des Nachts in seinem halbfertigen Schloß schlafen, da kam der Riese und brüllte ihn böse an: »Was wagst du, du Taugenichts, dein Schloß über dem Palast meiner jüngsten Tochter zu bauen?« Und er rührte an die Mauern, daß sie zerbröckelten.

Rostem blieb ihm auf den Fersen und hieb dreimal mit dem Schwert nach ihm. Aus drei Wunden blutend, stürzte sich der Riese in den Brunnen und verschwand. Der Prinz schämte sich vor seinem Vater und wollte nicht vor ihn treten, bevor er sich gerächt hatte.

»Kommt, Brüder«, sagte er zu den Prinzen, »wir wollen schauen, daß wir diesen Kerl in seinem Brunnenloch da drunten zur Rechenschaft ziehen.«

Die drei nahmen feste Stricke und gingen zu dem Brunnen. Zuerst versuchte es der Älteste. Doch kaum hatten sie ihn ein paar Ellen hinabgelassen, schrie er aus Leibeskräften und wollte wieder nach oben, so höllisch heiß war es dort drinnen. Der zweite Prinz wagte sich ein wenig weiter vor, mußte aber auch aufgeben.

»Ich sehe schon, mit euch ist nichts Rechtes anzufangen«, schalt da Rostem, der Jüngste. »So will ich nun selbst gehen, denn ich muß den Riesen aufspüren.«

Fast wäre er in dem heißen, engen Brunnen erstickt. Aber er biß die Zähne zusammen und kam glücklich auf dem Grund an. Das Wasser war versiegt, und er gewahrte einen schmalen, dunklen Gang. Er folgte ihm und kam an eine goldene Tür, dahinter war ein prächtiger Palast zu sehen. Vorsichtig schlich der Prinz im Schutz der Mauer bis in den Schloßhof. Dort plätscherte ein Springbrunnen. Er sah zehn Tauben heranfliegen, neun waren grau und unscheinbar, die zehnte aber hatte ein schneeweißes Gefieder. Die Vögel tauchten in das Wasser und stiegen als schöne Mädchen daraus hervor. Die weiße Taube wurde zu der Schönsten von allen, und die anderen Mädchen dienten ihr. Es war Fattane, die älteste Tochter des Riesen, der dieses Schloß gehörte.

Plötzlich erblickte eine der Dienerinnen den Prinzen in seinem Versteck und lief erschrocken zu ihrer Herrin, um es ihr zu melden. Die Prinzessin ließ den Fremden zu sich führen. Sie nahm ihn huldvoll auf, und Prinz Rostem erzählte ihr, was der Riese ihm und seinen Brüdern angetan hatte.

»Nun will ich nicht eher ruhen, bis ich den Riesen gefunden habe«, rief er entschlossen. »Kannst du mir sagen, edle Herrin, wo ich ihn suchen soll?«

»Vergiß den Riesen!« sprach Fattane lächelnd. »Sei fröhlich, ich will schon dafür sorgen, daß dir die Zeit nicht lang wird.«

Sie ließ die herrlichsten Speisen auftragen, und ihre Dienerinnen sangen und spielten. Immer wenn der Prinz sich des Riesen erinnerte, verlockte ihn das Mädchen mit Gesang und Saitenspiel, daß er vergaß, weshalb er gekommen war. Vierzig Tage blieb er so bei Fattane.

Schließlich sagte er zu ihr: »Verzeih mir, schöne Prinzessin, ich kann nicht länger bleiben. Sage mir, ich beschwöre dich, weißt du den Weg zu dem Riesen?«

»Der Riese, den du suchst, ist mein Vater Morhagian«, entgegnete die Prinzessin ernst. »Doch laß ab von deinem Vorhaben, du rennst in dein Verderben. Er ist so stark, daß er Bäume ausreißt, als wären es Grashalme. Niemand kann ihm trotzen.«

Doch der Prinz beharrte auf seinem Vorhaben, und so schickte ihn Fattane zu ihrer jüngeren Schwester. Dort wiederholte sich, was der Prinz schon erlebt hatte. Wiederum vergingen vierzig Tage, fast ohne daß er es merkte.

»Ich danke dir«, sprach er endlich. »Doch bin ich nicht gekommen, um mich zu vergnügen, sondern um meinen Mut zu beweisen und Heldentaten zu bestehen. Nun habe ich fest beschlossen, daß ich mich noch heute auf den Weg mache, um den Riesen zu suchen.«

Auch die zweite Prinzessin wußte den Weg nicht: »Ich will dich zu meiner jüngsten Schwester schicken, sie ist die Schönste und Klügste von uns dreien. Gewiß weiß sie Rat.«

So kam der Prinz zum Schloß der jüngsten Schwester, die war so schön wie der silberne Mond, und sie gefiel dem Prinzen über alle Maßen. Sie nahm ihn freundlich auf, doch auch sie verlockte ihn mit Gastlichkeit, und er blieb weitere vierzig Tage, bis er sich endlich aufraffte und die Prinzessin so entschlossen bedrängte, daß sie merkte, ihre Ausflüchte würden nicht mehr helfen.

»Ich bitte dich, laß von deinem Vorhaben ab. Der Riese wird dich packen und in der Mitte auseinanderreißen.«

Doch Rostem blieb fest, bis sie ihm den Weg beschrieb.

Er fand den Riesen in seinem Palast und stürzte sich auf ihn. Dieser aber streckte seelenruhig seine Hände aus, faßte ihn beim Kopf und bei den Füßen und riß ihn in der Mitte auseinander. Darauf warf er die Stücke zum Fenster hinaus.

Die jüngste Tochter hatte das alles vorausgesehen. Sie schickte zwei ihrer Dienerinnen in den Garten, daß sie ihr den zweigeteilten Leichnam brächten. Sie fügte die Stücke aneinander und goß Wasser über die Wunde.

Der Prinz erwachte und rief: »Wie hab' ich gut geschlafen.« Da lachte die Prinzessin und erzählte ihm, wie übel es ihm ergangen war. Doch Rostem war nicht zu halten: »Lieber wähle ich den Tod, als solche Schmach ungerächt zu erdulden!«

Was auch die Prinzessin versuchte, er schlug alle ihre Warnungen in den Wind. Weil sie den tapferen Burschen liebgewonnen hatte, beschloß sie, ihm zu verraten, wie er den Riesen töten könnte. Zuerst mußte er ihr versprechen, sie zur Gemahlin zu nehmen. Das tat er mit frohem Herzen, denn er liebte sie schon. Dann verriet sie ihm: »Nur sein eigenes Schwert kann meinen Vater verwunden. Du mußt warten, bis er schläft. Horch an seinem Zimmer, er wird so laut schnarchen, daß die Wände zittern. Tritt dann getrost ein. Seine Augen werden offen sein, denn er schläft mit offenen Augen. Steig mutig auf ihn, ergreife sein Schwert, und schwing es gegen ihn mit aller Macht. Es wird dir nicht gelingen, ihn gleich zu töten. Er wird erwachen und fordern, daß du noch einmal zuschlägst. Das darfst du aber ja nicht tun, denn wenn du ihm gehorchtest, würde seine Wunde sich wieder schließen, und ich und du, wir wären beide verloren.«

So geschah es. Der Riese lag in seinem Gemach mit furchtbaren, starrenden Augen und schnarchte, daß alles ringsum zitterte. Zu seinem Haupt hing das Schwert. Kurz zögerte der Prinz, dann trat er mutig auf den schweren Körper, schritt über ihn hinweg, bis er das Schwert zu fassen bekam. Er schwang es und traf den Riesen mit einem gewaltigen Streich. Morhagian erwachte und wand sich in grimmigen Schmerzen.

»Verflucht sei meine Tochter, die dich zu dieser Tat reizte«, wimmerte er. »Ich flehe dich an, gib mir den Gnadenstoß, daß meine Qual ende!«

Rostem hätte beinahe aus Mitleid noch einmal zugeschlagen, doch erinnerte er sich zum Glück noch des Rates, den ihm die Prinzessin gegeben hatte. Er hielt inne und ging davon. Und hinter ihm brach der Riese sterbend zusammen.

Als Rostem das Schloß verließ, gewahrte er in einem prächtigen Stall ein wunderschönes, feuriges Roß. Am liebsten hätte er es auf der Stelle mitgenommen, doch die Brüder hätten es nicht aus dem tiefen Brunnen heraufziehen können.

Er erzählte der Prinzessin von dem Pferd, und wieder wußte sie Rat: »Das Pferd kannst du schon mitnehmen. Schneide von seinem Schweif einige Haare ab. Nimm sie mit dir, und wann immer du ein Haar verbrennst, wird das Roß vor dir stehen, gesattelt und gezäumt, wie du es wünschst, so daß du es nur zu reiten brauchst.«

Nun rief die Prinzessin ihre Schwestern, daß sie ihr und Rostem folgten und die Gemahlinnen der Brüder wurden. Jede sprach über ihr Schloß einen Zauber aus, worauf diese zusammenschrumpften, bis sie winzig kleine Bälle waren. Die drei Bälle gaben sie dem Prinzen.

Durch einen glücklichen Zufall standen die Brüder am Brunnenrand, denn sie hatten Rostem schon tot geglaubt. Sie zogen die Prinzessinnen herauf, doch weil ihnen die jüngste am besten gefiel, ließen sie Rostem, wo er war, trotz aller Bitten der Schwestern. Planlos irrte er umher, und die Treulosigkeit der Brüder tat ihm im Herzen weh.

Wie er so dahinwanderte, kam er zu einem hohen Berg, den stieg er hinan. Plötzlich sah er eine riesige Schlange, die auf ein Nest zukroch, in dem junge Rochvögel waren. Schon sperrte sie das geifernde Maul auf, um die Vögelchen zu verschlingen. Die Jungen schrien in Todesängsten, doch der Prinz sprang herzu und tötete die Schlange mit dem Schwert des Riesen. Gerade in dem Augenblick kam der alte Vogel Roch geflogen und dankte dem Prinzen für seine gute Tat.

»Wünsch dir, was immer du willst«, sagte er, »ich will es dir erfüllen, wenn es in meiner Macht steht.«

Da bat ihn der Prinz, ihm den Weg nach oben zu zeigen, und der Vogel Roch erbot sich, ihn selbst hinaufzutragen.

»Doch vorher mußt du drei Hammel beschaffen, und immer, wenn ich mich nach dir umwende, mußt du mir ein Stück Fleisch in den Rachen werfen. Wenn du das nicht tust, werfe ich dich auf der Stelle ab.«

Der Prinz nahm auf seinem Rücken Platz, und der Vogel Roch erhob sich mit ihm in die Lüfte. Immer wenn er sich umwandte, warf ihm der Prinz ein Fleischstück zu. Schon hatte der Vogel seinen letzten Vorrat aufgezehrt, und es war nicht mehr weit bis zum Rande des Brunnens. Da wandte sich der Vogel noch einmal um. Unverzagt hieb sich der Prinz die eigene Wade ab und warf sie ihm zu, der Vogel Roch schluckte sie hinunter und trug den Prinzen glücklich bis an den Brunnenrand.

»Was war denn das zuletzt für ein Fleisch, das du mir gegeben hast?« fragte er den Prinzen.

»Das war ein Stück von meiner eigenen Wade«, antwortete Rostem verwundert.

»Wenn ich gewußt hätte, daß du so gut schmeckst, hätte ich dich nicht heraufgetragen, sondern dich mit Haut und Haar aufgefressen«, schmunzelte der Vogel, »jetzt kann ich dir leider nichts mehr anhaben.«

Er würgte, spuckte die Wade wieder heraus und fügte sie an die Wunde. Im Nu wuchs sie an, und der Prinz war wieder gesund. Sie nahmen Abschied, und Rostem tauschte seine Kleider gegen die eines Bauern ein.

Unerkannt gelangte er in die Stadt und bat einen Schneider um Unterkunft: »Ich verstehe etwas vom Schneiderhandwerk«, sagte er.

Gerade sollte die Hochzeit des ältesten Sohnes des Sultans stattfinden und der Schneider das Brautkleid nähen, also nahm er den Prinzen auf und befahl ihm, die Hochzeitskleider fertigzustellen. In der Nacht holte der Prinz aus den drei Bällen, in denen die Paläste der Riesentöchter verborgen waren, Kleider hervor, die denen des Schneiders ähnlich waren – nur viel schöner und kostbarer waren sie –, und vertauschte sie mit ihnen. Begeistert brachte der Schneider der jüngsten Prinzessin die Kleider, die sie zu ihrer Hochzeit mit dem Prinzen Badialzaman anziehen sollte. Der Sultan hatte sie ihm als Braut zugesprochen. Das Mädchen war sehr traurig darüber, aus Furcht vor dem Prinzen wagte es aber nicht zu widersprechen.

Als die Prinzessin nun die Kleider sah, erkannte sie gleich, daß es ihre eigenen waren und daß sie aus ihrem Palast stammen mußten. Sie faßte neue Hoffnung, daß die Wahrheit doch noch an den Tag kommen werde. Der Hochzeitstag kam heran. Alle Läden der Stadt waren geschlossen, und alles Volk lief hin zum Turnierplatz, wo die Ritter mit ihren Speeren im Spiel miteinander fochten. Auch der Schneider ging hin, Rostem aber fand eine Ausrede. Kaum war der Schneider fort, verbrannte der Prinz ein Pferdehaar und wünschte sich ein rotes Gewand. Da kam auch schon das Pferd herangetrabt. Auf seinem roten Sattelzeug lagen eine rote Rüstung und ein roter Speer.

Rostem rüstete sich, stieg auf das Roß und ritt zum Turnierplatz. Alles Volk staunte über den schönen roten Ritter. Er wählte sich seinen Bruder Badialzaman zum Gegner, siegte über ihn und schlug ihm mit dem Schwert das

Haupt ab. Die Ritter fielen über ihn her, er aber entfloh ihnen so schnell, daß sie ihm nicht folgen konnten. An einem stillen Ort legte er die Rüstung ab, und das Pferd verschwand damit. Als der Schneider nach Hause kam, saß sein Geselle in seinen alten Lumpen bei der Arbeit und tat, als wüßte er von nichts.

Am Königshofe herrschte große Trauer. Nach drei Monaten schließlich gab der Sultan dem Drängen seines mittleren Sohnes nach und bereitete das Hochzeitsfest für ihn vor, der sich nun, da sein Bruder tot war, mit der jüngsten Tochter des Riesen vermählen wollte. Er gab dem Schneider den Befehl, neue Hochzeitskleider zu nähen. Wiederum holte Rostem in der Nacht aus dem Ball, in dem der Palast der Prinzessin verborgen war, die fertigen Kleider hervor. Er übergab sie dem Schneider, als habe er sie selbst gemacht, und fand auch diesmal eine Ausrede, warum er sie nicht selber im Königsschloß abliefern wollte. Als die drei Schwestern aber die Kleider sahen, erkannten sie mit völliger Gewißheit, daß Prinz Rostem sie ihnen geschickt hatte, und sie trösteten sich.

Am Hochzeitstag wurde wiederum ein großes Fest gefeiert, und die Ritter vergnügten sich mit allerlei Speerspielen. Der Schneider ging zum Fest, und als Rostem allein war, rief er sein Roß herbei und wünschte sich eine weiße Rüstung und ein Sattelzeug mit weißen Perlen und Edelsteinen. Er war so prächtig anzuschauen auf seinem stolzen Rosse, daß alle stehenblieben und ihm staunend nachsahen. Er sprengte auf den Turnierplatz, gerade auf seinen mittleren Bruder zu, und tötete

Ghajath-ed-Din im Zweikampf. Da fielen die Ritter über ihn her. Doch diesmal ließ er sich ruhig festnehmen und vor den Sultan führen.

»Wer bist du, Furchtbarer, der du mir meine beiden Söhne geraubt hast?« rief der Sultan.

Prinz Rostem gab sich zu erkennen und sagte: »Ein Mann, den seine Brüder in feigem Verrat dem Tode überlassen, hat das Recht, sich ihnen im offenen Zweikampf zu stellen und sie zu töten, wenn er stärker ist als sie.« Er erzählte dem Vater, wie schändlich die Brüder an ihm gehandelt hatten, und der Sultan erkannte, daß sein Sohn in vollem Rechte war.

Hierauf heiratete Prinz Rostem die jüngste der drei Töchter des Riesen Morhagian, und ihre älteren Schwestern wurden mit zwei Prinzen vermählt, die dem Sultan verwandt waren. Nach dem Tode seines Vaters erbte Prinz Rostem Krone und Reich und herrschte tapfer und gerecht über sein Volk.

Aus: Elli Zenker-Starzacher: *Märchen aus Tausendundeiner Nacht.* Reutlingen o. J. Das Märchen ist gekürzt und umgeschrieben.

»Die drei Prinzen von Samarkand« ist eines jener zahlreichen Märchen, in denen es um Mut, Unternehmungslust und Tatendrang geht. Ein Bösewicht tut unrecht, und bei seiner Verfolgung zeigt sich, wer zum Helden geboren ist: Die beiden Brüder von Prinz Rostem sind nicht nur nicht tapfer genug, um den Weg durch den »höllisch heißen« Brunnenschacht zu wagen, sie sind darüber hinaus auch falsch und eifersüchtig. Sie verraten ihn, um so ohne wirkliche eigene Leistung das für sich beanspruchen zu können, was Rostem (Widder) durch seine Tapferkeit errungen hat: die Hand der wunderschönen jüngsten Tochter des Riesen.

Prinz Rostem ist der Held, der gerechte Vergeltung will, nicht mehr und nicht weniger (siehe auch das Bild vom Cowboy im Kapitel »Typisch Widder…«). Er verstrickt sich in die Verlockungen des Widder-Gegenzeichens Waage, als ihm die drei Töchter des Riesen begegnen und ihn durch allerlei Schönes bezaubern, doch schließlich siegt seine Widder-Natur. Trotz aller Warnungen setzt er sich durch und erfährt, wo er den Riesen finden kann. Sein Mut weckt die Liebe (Waage) der jüngsten Tochter. Sie rettet ihn vor dem sicheren Tod, in den er sich, ohne zu überlegen, gestürzt hat, und verrät ihm das Geheimnis, wie der Riese zu besiegen sei.

Alles scheint schon ein gutes Ende genommen zu haben, da wird ihm seine spontane Begeisterung – die so charakteristisch für den Widder-Typus ist – für ein feuriges Roß zum Verhängnis.

Als die Brüder ihn nicht aus dem Brunnen herausziehen, rettet ihn wiederum sein Mut. Er schützt das Leben junger »Rochvögel«, scheut sich nicht, dem Vogel Roch die eigene abgeschnittene Wade zum Fraß zu geben, und tötet schließlich die falschen Brüder im offenen, ehrlichen Zweikampf. Was könnte einen Widder treffender beschreiben?

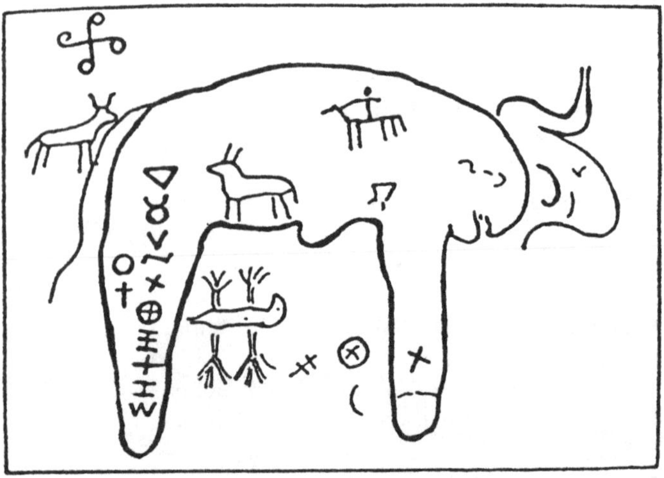

Die älteste bekannte Darstellung der Tierkreiszeichen (ca. 10 000 v. Chr.).
Aus: L. Frobenius, H. Obermaier: Hadschra Maktouba (Kurt Wolf-Verlag, München).

Anhang

Von wann bis wann ist man ein Widder?

Beginn des Widder-Zeichens

20.03.1920 um 22:59; 21.03.1921 um 04:51; 21.03.1922 um 10.48; 21.03.1923 um 16:29; 20.03.1924 um 22:20; 21.03.1925 um 04:12; 21.03.1926 um 10:01; 21.03.1927 um 15:59; 20.03.1928 um 21:44; 21.03.1929 um 03:35; 21.03.1930 um 09:30; 21.03.1931 um 15:06; 20.03.1932 um 20:54; 21.03.1933 um 02:43; 21.03.1934 um 08:28; 21.03.1935 um 14:18; 20.03.1936 um 19:58; 21.03.1937 um 01:45; 21.03.1938 um 07:43; 21.03.1939 um 13:28; 20.03.1940 um 19:24; 21.03.1941 um 01:20; 21.03.1942 um 07:11; 21.03.1943 um 13:03; 20.03.1944 um 18:49; 21.03.1945 um 00:37; 21.03.1946 um 06.33; 21.03.1947 um 12:13; 20.03.1948 um 17:57; 20.03.1949 um 23:48; 21.03.1950 um 05:35; 21.03.1951 um 11:26; 20.03.1952 um 17:14; 20.03.1953 um 23:01; 21.03.1954 um 04:53; 21.03.1955 um 10:35; 20.03.1956 um 16:20; 20.03.1957 um 22:17; 21.03.1958 um 04:06; 21.03.1959 um 09:55; 20.03.1960 um 15:43; 20.03.1961 um 21:32; 21.03.1962 um 03:30; 21.03.1963 um 09:20; 20.03.1964 um 15:10; 20.03.1965 um 21:05; 21.03.1966 um 02:53; 21.03.1967 um 08:37; 20.03.1968 um 14:22; 20.03.1969 um 20:08; 21.03.1970 um 01:56; 21.03.1971 um 07:38; 20.03.1972 um 13:22; 20.03.1973 um 19:13; 21.03.1974 um 01:07; 21.03.1975 um 06:57; 20.03.1976 um 12:50; 20.03.1977 um 18:42;

21.03.1978 um 00:34; 21.03.1979 um 06:22;
20.03.1980 um 12:10; 20.03.1981 um 18:03;
20.03.1982 um 23:56; 21.03.1983 um 05:39;
20.03.1984 um 11:24; 20.03.1985 um 17:14;
20.03.1986 um 23:03; 21.03.1987 um 04:52;
20.03.1988 um 10:39; 20.03.1989 um 16:28;
20.03.1990 um 22:19; 21.03.1991 um 04:02;
20.03.1992 um 09:48; 20.03.1993 um 15:41;
20.03.1994 um 21:28; 21.03.1995 um 03:15;
20.03.1996 um 09:03; 20.03.1997 um 14:55;
20.03.1998 um 20:55; 21.03.1999 um 02:46;
20.03.2000 um 08:36; 20.03.2001 um 14:31;
20.03.2002 um 20:16; 21.03.2003 um 02:00;
20.03.2004 um 07:49; 20.03.2005 um 13:34;
20.03.2006 um 19:26; 21.03.2007 um 01:08;
20.03.2008 um 06:48; 20.03.2009 um 12:44;
20.03.2010 um 18:32; 21.03.2011 um 00:21.
Alle Zeitangaben in mitteleuropäischer Zeit.

Ende des Widder-Zeichens

20.04.1920 um 10:39; 20.04.1921 um 16:32;
20.04.1922 um 22:28; 21.04.1923 um 04:05;
20.04.1924 um 09:58; 20.04.1925 um 15:51;
20.04.1926 um 21:36; 21.04.1927 um 03:32;
20.04.1928 um 09:17; 20.04.1929 um 15:10;
20.04.1930 um 21:06; 21.04.1931 um 02:40;
20.04.1932 um 08:28; 20.04.1933 um 14:18;
20.04.1934 um 20:00; 21.04.1935 um 01:50;
20.04.1936 um 07:31; 20.04.1937 um 13:19;
20.04.1938 um 19:15; 21.04.1939 um 00:55;
20.04.1940 um 06:51; 20.04.1941 um 12:50;
20.04.1942 um 18:39; 21.04.1943 um 00:31;
20.04.1944 um 06:18; 20.04.1945 um 12:07;
20.04.1946 um 18:02; 20.04.1947 um 23:39;
20.04.1948 um 05:25; 20.04.1949 um 11:17;
20.04.1950 um 16:59; 20.04.1951 um 22:48;

20.04.1952 um 04:37; 20.04.1953 um 10:25;
20.04.1954 um 16:19; 20.04.1955 um 21:58;
20.04.1956 um 03:43; 20.04.1957 um 09:41;
20.04.1958 um 15:27; 20.04.1959 um 21:16;
20.04.1960 um 03:06; 20.04.1961 um 08:55;
20.04.1962 um 14:51; 20.04.1963 um 20:36;
20.04.1964 um 02:27; 20.04.1965 um 08:26;
20.04.1966 um 14:12; 20.04.1967 um 19:55;
20.04.1968 um 01:41; 20.04.1969 um 07:27;
20.04.1970 um 13:15, 20.04.1971 um 18:54;
20.04.1972 um 00:37; 20.04.1973 um 06:30;
20.04.1974 um 12:19; 20.04.1975 um 18:07;
20.04.1976 um 00:03; 20.04.1977 um 05:57;
20.04.1978 um 11:50; 20.04.1979 um 17:35;
19.04.1980 um 23:23; 20.04.1981 um 05:19;
20.04.1982 um 11:08; 20.04.1983 um 16:50;
19.04.1984 um 22:38; 20.04.1985 um 04:26;
20.04.1986 um 10:12; 20.04.1987 um 15:58;
19.04.1988 um 21:45; 20.04.1989 um 03:39;
20.04.1990 um 09:27; 20.04.1991 um 15:08;
19.04.1992 um 20:57; 20.04.1993 um 02:49;
20.04.1994 um 08:36; 20.04.1995 um 14:22;
19.04.1996 um 20:10; 20.04.1997 um 02:03;
20.04.1998 um 07:57; 20.04.1999 um 13:46;
19.04.2000 um 19:40; 20.04.2001 um 01:36;
20.04.2002 um 07:21; 20.04.2003 um 13:03;
19.04.2004 um 18:50; 20.04.2005 um 00:37;
20.04.2006 um 06:26; 20.04.2007 um 12:07;
19.04.2008 um 17:51; 19.04.2009 um 23:44;
20.04.2010 um 05:30; 20.04.2011 um 11:17.
Alle Zeitangaben in mitteleuropäischer Zeit.

Lesebeispiel:

»21.03.1974 um 01:07«. Das heißt, am 21.03. 1974 trat die Sonne um 01:07 Uhr in das Tierkreiszeichen Widder. Wer nach 01:07 Uhr geboren wurde, ist also bereits ein Widder, wer vor dieser Zeit zur Welt kam, noch ein Fisch.

Die Bestimmung des Mondzeichens

Die einfache Anwendung der Mond-Tabelle

1. Suchen Sie zuerst die Spalte mit Ihrem *Geburtstag.*
2. Suchen Sie die Zeile, in der sich das *Geburtsjahr* befindet.
3. Lesen Sie das Mondzeichen ab.
4. Steht hinter der gesuchten Jahreszahl in Klammern eine Uhrzeit, kann sich der Mond statt im angegebenen Zeichen auch im vorhergehenden befinden. Also statt im Widder auch in den Fischen, statt im Stier auch im Widder und so weiter.
5. Lesen Sie die Texte zu beiden Mondzeichen, um herauszufinden, welches besser auf Sie zutrifft.

Genaue Bestimmung des Mondzeichens

1. Suchen Sie zuerst die Spalte, in der Ihr Geburtstag steht.
2. Wählen Sie die Zeile, in welcher der Jahrgang steht.
3. Ist Ihr Jahrgang nicht dabei, versuchen Sie Ihr Glück in der folgenden Spalte Ihres Geburtsdatums.
4. Da der Mond auch innerhalb eines Tages das Tierkreiszeichen wechseln kann, steht hinter manchen Jahreszahlen in Klammern eine Uhrzeit. Diese gibt in mitteleuropäischer Zeit an, um wieviel Uhr der Mond in

das am Ende der Zeile angegebene Zeichen wechselt. Wurden Sie vor der betreffenden Uhrzeit geboren, steht Ihr Mond nicht im aufgeführten Tierkreiszeichen, sondern in dem vorhergehenden. Wenn Sie die Symbole der Tierkreiszeichen nicht kennen, schauen Sie einfach auf Seite 15 nach.

5. Falls Sie an einem Tag geboren wurden, an dem der Mond das Tierkreiszeichen wechselt und Ihre Geburtszeit weniger als eine Stunde von der Uhrzeit des Zeichenwechsels abweicht, sollten Sie in der Tabelle »Sommerzeiten« nachschauen, ob an Ihrem Geburtstag Sommerzeit war. Bei »normaler« Sommerzeit müssen Sie eine Stunde von Ihrer Geburtszeit abziehen, um die MEZ (mitteleuropäische Zeit) zu erhalten. Bei doppelter Sommerzeit, die es nur 1945 gab, müssen zwei Stunden abgezogen werden, ebenso bei der Hochsommerzeit 1947.
6. Wenn Sie Ihre Geburtszeit nicht kennen, lesen Sie entweder unter beiden Mondzeichen nach und versuchen herauszufinden, welcher Text besser auf Sie zutrifft, oder Sie wenden sich schriftlich (mit frankiertem Rückumschlag) an das Standesamt Ihres Geburtsorts. Hier bekommen Sie in aller Regel umgehend Ihre genaue Geburtszeit mitgeteilt.

Falls Ihnen das alles zu kompliziert vorkommt: Es ist sehr viel leichter, als es im ersten Moment scheint. Zur Veranschaulichung ein paar praktische Beispiele.

Nehmen wir an, wir wollen wissen, welches Mondzeichen ein Mensch hat, der am 24.03.1965 geboren wurde.

Suchen Sie das fettgedruckte Datum 24.03. Gehen Sie in dieser Rubrik nach unten zu dem Jahrgang 1965. In derselben Zeile finden Sie das Symbol für das Tierkreiszeichen Steinbock. Die Uhrzeit (18:07 Uhr) bedeutet, daß um diese Zeit der Mond in das Tierkreiszeichen Steinbock wechselte. Wer vor dieser Uhrzeit geboren wurde, hatte also noch einen Schützemond.

Sommerzeiten

14.03.1921 23 h – 26.10.21 0 h MEZ franz. Zone
25.03.1922 23 h – 08.10.22 0 h MEZ franz. Zone
26.05.1923 23 h – 07.10.23 0 h MEZ franz. Zone
29.03.1924 23 h – 05.10.24 0 h MEZ franz. Zone
04.04.1925 23 h – 04.10.25 0 h MEZ franz. Zone
17.04.1926 23 h – 03.10.26 0 h MEZ franz. Zone
09.04.1927 23 h MEZ statt GMT franz. Zone
01.04.1940 2 h – 02.11.42 3 h MES*
01.01.1941 0 h – 02.11.42 3 h MES
01.01.1942 2 h – 02.11.42 3 h MES
29.03.1943 2 h – 04.10.43 3 h MES
03.04.1944 2 h – 02.10.44 3 h MES
02.04.1945 2 h – 16.09.45 2 h MES
(1945: doppelte Sommerzeit vom 24.05. bis 24.09., im sowjetisch besetzten Teil Deutschlands einschließlich West-Berlins bis 18.11. Sommerzeit)
14.04.1946 2 h – 07.10.46 3 h MES
06.04.1947 3 h – 11.05.47 3 h MES
11.05.1947 3 h – 29.06.47 3 h MES + 1
(1947: Vorstellung gegen MEZ: 2 Stunden [Hochsommerzeit])
29.06.1947 3 h – 05.10.47 3 h MES
18.04.1948 2 h – 03.10.48 3 h MES
10.04.1949 2 h – 02.10.49 3 h MES
06.04.1980 2 h – 28.09.80 3 h MES

29.03.1981 2 h – 27.09.81 3 h MES
28.03.1982 2 h – 26.09.82 3 h MES
27.03.1983 2 h – 25.09.83 3 h MES
25.03.1984 2 h – 30.09.84 3 h MES
31.03.1985 2 h – 29.09.85 3 h MES
30.03.1986 2 h – 28.09.86 3 h MES
29.03.1987 2 h – 27.09.87 3 h MES
27.03.1988 2 h – 25.09.88 3 h MES
26.03.1989 2 h – 24.09.89 3 h MES
25.03.1990 2 h – 30.09.90 3 h MES
31.03.1991 2 h – 29.09.91 3 h MES
29.03.1992 2 h – 27.09.92 3 h MES
28.03.1993 2 h – 26.09.93 3 h MES
27.03.1994 2 h – 25.09.94 3 h MES
26.03.1995 2 h – 24.09.95 3 h MES
31.03.1996 2 h – 27.10.96 3 h MES
30.03.1997 2 h – 26.10.97 3 h MES
29.03.1998 2 h – 25.10.98 3 h MES
28.03.1999 2 h – 31.10.99 3 h MES**
26.03.2000 2 h – 29.10.00 3 h MES**
25.03.2001 2 h – 28.10.01 3 h MES**

* 1940 bis 1942 durchgehend
** voraussichtlich (Stand 1998)

GMT = Greenwich mean time (Greenwich-Zeit)
MES = mitteleuropäische Sommerzeit
MEZ = mitteleuropäische Zeit

Geburtsdatum/		Mondzeichen
20.03.		
1920	(12:43)	♈
1924		♍
1928		♓
1932	(10:18)	♍
1936		♒
1940		♌
1944	(05:55)	♒
1948	(19:58)	♌
1949		♐
1952		♑
1953		♊
1956		♋
1957	(16:54)	♐
1960	(08:14)	♑
1961		♉
1964	(21:11)	♋
1965		♏
1968		♐
1969	(17:20)	♉
1972		♊
1973		♎
1976	(11:34)	♐
1977		♈
1980		♉
1981	(16:31)	♎
1982	(12:53)	♒
1984		♏
1985		♓
1986		♋
1988	(08:05)	♉
1989		♍
1990		♑
1992		♎
1993	(14:11)	♓
1994	(13:54)	♋
1996		♈
1997		♌
1998		♐
2000	(05:57)	♎
2001		♒
2002		♊
2004	(22:29)	♈
2005	(14:17)	♌
2006	(09:43)	♐
2008		♍
2009		♑
2010		♉
21.03.		
1920		♈
1921	(15:08)	♍
1922		♑
1923		♉
1924	(05:00)	♎
1925		♒
1926	(06:30)	♋
1927	(06:21)	♏
1928	(19:54)	♈
1929		♌
1930		♐
1931		♈
1932		♍
1933	(05:39)	♒
1934		♊
1935		♎
1936	(01:59)	♓
1937	(20:35)	♌
1938	(08:01)	♐
1939	(03:41)	♈
1940	(16:21)	♍
1941		♑
1942		♉
1943	(22:21)	♎
1944		♒
1945		♋
1946		♏
1947		♓
1948		♌
1949	(13:04)	♑
1950	(09:32)	♉
1951	(02:39)	♍
1952	(08:55)	♒
1953		♊
1954		♎
1955	(20:45)	♓
1956	(22:31)	♌
1957		♐
1958		♈
1959		♌
1960		♑
1961	(11:32)	♊
1962	(08:28)	♎
1963	(02:21)	♒
1964		♋
1965		♏
1966		♓
1967	(19:04)	♌
1968	(10:34)	♑
1969		♉
1970		♍
1971		♑
1972		♊
1973	(12:15)	♏
1974	(07:33)	♓
1975		♋
1976		♐
1977		♈
1978		♌
1979	(11:56)	♑
1980	(02:47)	♊
1981		♎
1982		♒
1983		♊
1984	(18:41)	♐
1985	(11:20)	♈
1986	(08:39)	♌
1987		♐
1988		♉
1989		♍
1990		♑
1991	(00:37)	♊
1992	(00:20)	♏
1993		♓
1994		♋
1995	(13:57)	♐
1996	(17:59)	♉
1997	(09:59)	♍
1998	(07:43)	♑
1999		♉
2000		♎
2001		♒
2002		♊
2003		♏
2004		♈
2005		♌
2006		♐
2007	(06:15)	♉
2008	(16:45)	♎
2009	(11:06)	♒
2010	(01:28)	♊
22.03.		
1920	(15:58)	♉
1921		♍
1922	(22:18)	♒
1923	(23:33)	♊
1924		♎
1925	(05:33)	♓
1926		♋
1927		♏
1928		♈
1929	(20:05)	♍
1930	(02:40)	♑
1931	(01:44)	♉
1932	(10:56)	♎
1933		♒
1934	(23:13)	♋
1935	(19:44)	♏
1936		♓
1937		♌
1938		♐
1939		♈
1940		♍
1941	(11:34)	♒
1942	(05:00)	♊
1943		♎
1944	(06:59)	♓
1945		♋
1946		♏
1947	(15:23)	♈
1948	(20:42)	♍
1949		♑
1950		♉
1951		♍
1952		♒
1953	(06:29)	♋
1954	(05:26)	♏
1955		♓
1956		♌
1957		♐
1958		♈
1959	(13:28)	♍
1960	(11:10)	♒
1961		♊
1962		♎
1963		♒
1964		♋
1965	(06:37)	♐
1966	(03:33)	♈
1967		♌
1968		♑
1969		♉
1970	(22:57)	♎
1971	(10:29)	♒
1972	(00:26)	♋
1973		♏
1974		♓
1975		♋
1976	(15:48)	♑
1977	(08:05)	♉
1978	(02:49)	♍
1979		♑
1980		♊
1981		♎
1982	(22:01)	♓
1983	(01:52)	♋
1984		♐
1985		♈
1986		♌
1987	(14:48)	♑
1988	(12:21)	♊
1989	(07:24)	♎
1990	(03:31)	♒
1991		♊
1992		♏
1993		♓
1994	(21:39)	♌
1995		♐
1996		♉
1997		♍
1998		♑
1999	(03:05)	♊
2000	(12:17)	♏
2001	(06:28)	♓
2002	(01:06)	♋
2003	(16:33)	♐
2004		♈
2005		♌
2006	(16:36)	♑

Geburtsdatum/ Mondzeichen		
2007		♉
2008		♎
2009		♒
2010		♊
23.03.		
1920		♉
1921	(16:49)	♎
1922		♒
1923		♊
1924	(06:27)	♏
1925		♓
1926	(18:35)	♌
1927	(18:06)	♐
1928	(20:06)	♉
1929		♍
1930		♑
1931		♉
1932		♎
1933	(11:16)	♓
1934		♋
1935		♏
1936	(01:31)	♈
1937		♌
1938	(20:32)	♑
1939	(12:58)	♉
1940	(15:47)	♎
1941		♒
1942		♊
1943		♎
1944		♓
1945	(04:32)	♌
1946	(01:30)	♐
1947		♈
1948		♍
1949	(22:10)	♒
1950	(22:28)	♊
1951	(08:21)	♎
1952	(10:39)	♓
1953		♋
1954		♏
1955		♓
1956		♌
1957	(01:34)	♑
1958	(01:16)	♉
1959		♍
1960		♒
1961	(21:22)	♋
1962	(20:29)	♏
1963	(06:04)	♓
1964	(01:15)	♌
1965		♐
1966		♈
1967	(21:08)	♍
1968	(15:16)	♒
1969	(03:12)	♊
1970		♎
1971		♒
1972		♋
1973	(23:26)	♐
1974	(17:02)	♈
1975	(01:31)	♌
1976		♑
1977		♉
1978		♍
1979	(14:52)	♒
1980	(07:55)	♋
1981	(04:14)	♏
1982		♓
1983		♋
1984		♐
1985		♈
1986	(15:40)	♍
1987		♑
1988		♊
1989		♎
1990		♒
1991	(03:27)	♋
1992	(06:13)	♐
1993	(02:51)	♈
1994		♌
1995	(16:31)	♑
1996		♉
1997	(22:35)	♎
1998	(14:01)	♒
1999		♊
2000		♏
2001		♓
2002		♋
2003		♐
2004	(07:10)	♉
2005	(02:10)	♍
2006		♑
2007	(07:06)	♊
2008		♎
2009	(22:08)	♓
2010	(07:16)	♋
24.03.		
1920	(18:25)	♊
1921		♎
1922		♒
1923		♊
1924		♏
1925	(09:04)	♈
1926		♌
1927		♐
1928		♉
1929		♍
1930	(15:05)	♒
1931	(12:19)	♊
1932	(10:35)	♏
1933		♓
1934		♋
1935		♏
1936		♈
1937	(03:44)	♍
1938		♑
1939		♉
1940		♎
1941	(20:30)	♓
1942	(17:33)	♋
1943	(05:23)	♏
1944	(06:42)	♈
1945		♌
1946		♐
1947	(20:29)	♉
1948	(21:01)	♎
1949		♒
1950		♊
1951		♎
1952		♓
1953	(17:14)	♌
1954	(17:56)	♐
1955	(00:09)	♈
1956	(00:53)	♍
1957		♑
1958		♉
1959	(15:27)	♎
1960	(15:02)	♓
1961		♋
1962		♏
1963		♓
1964		♌
1965	(18:07)	♑
1966	(14:32)	♉
1967		♍
1968		♒
1969		♊
1970		♎
1971	(12:07)	♓
1972	(06:46)	♌
1973		♐
1974		♈
1975		♌
1976	(23:19)	♒
1977	(20:39)	♊
1978	(10:41)	♎
1979		♒
1980		♋
1981		♏
1982		♓
1983	(04:43)	♌
1984	(01:36)	♑
1985	(00:06)	♉
1986		♍
1987	(17:18)	♒
1988	(20:27)	♋
1989	(20:10)	♏
1990	(09:09)	♓
1991		♋
1992		♐
1993		♈
1994		♌
1995		♑
1996	(01:59)	♊
1997		♎
1998		♒
1999	(05:33)	♋
2000	(21:43)	♐
2001	(17:44)	♈
2002	(06:13)	♌
2003	(19:48)	♑
2004		♉
2005		♍
2006	(20:21)	♒
2007		♊
2008	(03:06)	♏
2009		♓
2010		♋
25.03.		
1920		♊
1921	(20:33)	♏
1922	(10:56)	♓
1923	(10:05)	♋
1924	(07:29)	♐
1925		♈
1926		♌
1927		♐
1928	(20:53)	♊
1929	(01:12)	♎
1930		♒
1931		♊
1932		♏
1933	(18:49)	♈
1934	(12:03)	♌
1935	(04:24)	♐
1936	(00:37)	♉
1937		♍
1938		♑
1939	(20:15)	♊
1940	(15:33)	♏
1941		♓
1942		♋
1943		♏
1944		♈
1945	(15:11)	♍
1946	(14:18)	♑
1947		♉
1948		♎
1949		♒
1950		♊
1951	(11:36)	♏
1952	(12:34)	♈
1953		♌
1954		♐
1955		♈
1956		♍
1957	(13:17)	♒
1958	(13:20)	♊

Geburtsdatum/ Mondzeichen		
1959		♎
1960		♓
1961		♋
1962		♏
1963	(06:38)	♈
1964	(06:42)	♍
1965		♑
1966		♉
1967	(20:50)	♎
1968	(22:15)	♓
1969	(15:18)	♋
1970	(08:10)	♏
1971		♓
1972		♌
1973		♐
1974		♈
1975	(02:21)	♍
1976		♒
1977		♊
1978		♎
1979	(16:04)	♓
1980	(16:58)	♌
1981	(16:51)	♐
1982	(03:37)	♈
1983		♌
1984		♑
1985		♉
1986	(19:22)	♎
1987		♒
1988		♋
1989		♏
1990		♓
1991	(06:43)	♌
1992	(16:08)	♑
1993	(14:59)	♉
1994	(01:14)	♍
1995	(20:10)	♒
1996		♊
1997		♎
1998	(16:43)	♓
1999		♋
2000		♐
2001		♈
2002		♌
2003		♑
2004	(18:35)	♊
2005	(12:00)	♎
2006		♒
2007	(10:49)	♋
2008		♏
2009		♓
2010	(10:39)	♌
26.03.		
1920	(21:02)	♋
1921		♏
1922		♓
1923		♋

Geburtsdatum/ Mondzeichen		
1924		♐
1925	(14:34)	♉
1926	(07:36)	♍
1927	(03:39)	♑
1928		♊
1929		♎
1930		♒
1931	(20:04)	♋
1932	(11:07)	♐
1933		♈
1934		♌
1935		♐
1936		♉
1937	(12:47)	♎
1938	(08:56)	♒
1939		♊
1940		♏
1941		♓
1942		♋
1943	(10:23)	♐
1944	(07:01)	♉
1945		♍
1946		♑
1947		♉
1948	(22:49)	♏
1949	(09:50)	♓
1950	(10:17)	♋
1951		♏
1952		♈
1953		♌
1954		♐
1955	(01:31)	♉
1956	(04:00)	♎
1957		♒
1958		♊
1959	(15:54)	♏
1960	(20:29)	♈
1961	(09:48)	♌
1962	(06:49)	♐
1963		♈
1964		♍
1965		♑
1966	(23:41)	♊
1967		♎
1968		♓
1969		♋
1970		♏
1971	(11:45)	♈
1972	(15:48)	♍
1973	(12:16)	♑
1974	(00:09)	♉
1975		♍
1976		♒
1977		♊
1978	(16:01)	♏
1979		♓
1980		♌

Geburtsdatum/ Mondzeichen		
1981		♐
1982		♈
1983	(06:18)	♍
1984	(12:09)	♒
1985	(13:02)	♊
1986		♎
1987	(19:46)	♓
1988		♋
1989		♏
1990	(11:15)	♈
1991		♌
1992		♑
1993		♉
1994		♍
1995		♒
1996	(13:06)	♋
1997	(09:42)	♏
1998		♓
1999	(10:22)	♌
2000		♐
2001		♈
2002	(07:44)	♍
2003		♑
2004		♊
2005		♎
2006	(21:33)	♓
2007		♋
2008	(15:11)	♐
2009	(06:03)	♈
2010		♌
27.03.		
1920		♋
1921		♏
1922	(23:49)	♈
1923	(17:13)	♌
1924	(09:37)	♑
1925		♉
1926		♍
1927		♑
1928	(23:42)	♋
1929	(08:50)	♏
1930	(03:24)	♓
1931		♋
1932		♐
1933		♈
1934	(23:45)	♍
1935	(10:49)	♑
1936	(01:31)	♊
1937		♎
1938		♒
1939		♊
1940	(17:31)	♐
1941	(07:39)	♈
1942	(05:04)	♌
1943		♐
1944		♉
1945		♍

Geburtsdatum/ Mondzeichen		
1946		♑
1947	(00:16)	♊
1948		♏
1949		♓
1950		♋
1951	(13:40)	♐
1952	(16:05)	♉
1953	(06:04)	♍
1954	(04:55)	♑
1955		♉
1956		♎
1957		♒
1958	(22:53)	♋
1959		♏
1960		♈
1961		♌
1962		♐
1963	(05:57)	♉
1964	(13:48)	♎
1965	(06:59)	♒
1966		♊
1967	(20:10)	♏
1968		♓
1969		♋
1970	(15:07)	♐
1971		♈
1972		♍
1973		♑
1974		♉
1975	(01:51)	♎
1976	(09:34)	♓
1977	(09:16)	♋
1978		♏
1979	(16:47)	♈
1980		♌
1981		♐
1982	(06:39)	♉
1983		♍
1984		♒
1985		♊
1986	(21:05)	♏
1987		♓
1988	(07:54)	♌
1989	(07:54)	♐
1990		♈
1991	(10:41)	♍
1992		♑
1993		♉
1994	(01:46)	♎
1995		♒
1996		♋
1997		♏
1998	(16:49)	♈
1999		♌
2000	(09:51)	♑
2001	(02:51)	♉
2002		♍

Geburtsdatum/ Mondzeichen		
2003	(01:51)	♒
2004		♊
2005	(19:29)	♏
2006		♓
2007	(18:04)	♌
2008		♐
2009		♈
2010	(11:57)	♍
28.03.		
1920		♋
1921	(03:34)	♐
1922		♈
1923		♌
1924		♑
1925	(23:08)	♊
1926	(19:27)	♎
1927	(09:39)	♒
1928		♋
1929		♏
1930		♓
1931		♋
1932	(14:08)	♑
1933	(04:32)	♉
1934		♍
1935		♑
1936		♊
1937	(23:51)	♏
1938	(18:52)	♓
1939	(01:19)	♋
1940		♐
1941		♈
1942		♌
1943	(14:05)	♑
1944	(09:58)	♊
1945	(03:15)	♎
1946	(00:51)	♒
1947		♊
1948		♏
1949	(22:41)	♈
1950	(19:04)	♌
1951		♐
1952		♉
1953		♍
1954		♑
1955	(02:42)	♊
1956	(09:18)	♏
1957	(02:00)	♓
1958		♋
1959	(16:31)	♐
1960		♈
1961	(22:30)	♍
1962	(14:46)	♑
1963		♉
1964		♎
1965		♒
1966		♊
1967		♏
1968	(07:32)	♈
1969	(03:37)	♌
1970		♐
1971	(11:15)	♉
1972		♍
1973		♑
1974	(05:33)	♊
1975		♎
1976		♓
1977		♋
1978	(19:37)	♐
1979		♈
1980	(04:52)	♍
1981	(04:52)	♑
1982		♉
1983	(07:48)	♎
1984		♒
1985		♊
1986		♏
1987	(23:12)	♈
1988		♌
1989		♐
1990	(11:26)	♉
1991		♍
1992	(04:44)	♒
1993	(01:48)	♊
1994		♎
1995	(01:18)	♓
1996		♋
1997	(18:40)	♐
1998		♈
1999	(17:34)	♍
2000		♑
2001		♉
2002	(07:04)	♎
2003		♒
2004	(07:23)	♋
2005		♏
2006	(21:31)	♈
2007		♌
2008		♐
2009	(11:09)	♉
2010		♍
29.03.		
1920	(00:20)	♌
1921		♐
1922		♈
1923	(20:36)	♍
1924	(13:47)	♒
1925		♊
1926		♎
1927		♒
1928		♋
1929	(19:26)	♐
1930	(14:00)	♈
1931	(00:29)	♌
1932		♑
1933		♉
1934		♍
1935	(14:41)	♒
1936	(05:52)	♋
1937		♏
1938		♓
1939		♋
1940	(23:00)	♑
1941	(20:13)	♉
1942	(13:36)	♍
1943		♑
1944		♊
1945		♎
1946		♒
1947	(03:26)	♋
1948	(03:46)	♐
1949		♈
1950		♌
1951	(15:51)	♑
1952	(22:36)	♊
1953	(18:51)	♎
1954	(12:37)	♒
1955		♊
1956		♏
1957		♓
1958		♋
1959		♐
1960	(04:13)	♉
1961		♍
1962		♑
1963	(06:13)	♊
1964	(23:03)	♏
1965	(18:32)	♓
1966	(06:23)	♋
1967	(21:08)	♐
1968		♈
1969		♌
1970	(20:00)	♑
1971		♉
1972	(02:42)	♎
1973	(00:12)	♒
1974		♊
1975	(02:08)	♏
1976	(21:37)	♈
1977	(19:40)	♌
1978		♐
1979	(18:36)	♉
1980		♍
1981		♑
1982	(08:44)	♊
1983		♎
1984	(00:37)	♓
1985	(00:13)	♋
1986	(22:20)	♐
1987		♈
1988	(20:49)	♍
1989	(17:25)	♑
1990		♉
1991	(15:49)	♎
1992		♒
1993		♊
1994	(01:15)	♏
1995		♓
1996	(01:37)	♌
1997		♐
1998	(16:06)	♉
1999		♍
2000	(22:34)	♒
2001	(10:01)	♊
2002		♎
2003	(10:26)	♓
2004		♋
2005		♏
2006		♈
2007		♌
2008	(03:43)	♑
2009		♉
2010	(12:21)	♎
30.03.		
1920		♌
1921	(13:58)	♑
1922	(11:38)	♉
1923		♍
1924		♒
1925		♊
1926		♎
1927	(11:53)	♓
1928	(05:04)	♌
1929		♐
1930		♈
1931		♌
1932	(20:30)	♒
1933	(16:13)	♊
1934	(08:37)	♎
1935		♒
1936		♋
1937		♏
1938		♓
1939	(04:15)	♌
1940		♑
1941		♉
1942		♍
1943	(16:57)	♒
1944	(16:59)	♋
1945	(15:50)	♏
1946	(07:26)	♓
1947		♋
1948		♐
1949		♈
1950		♌
1951		♑
1952		♊
1953		♎
1954		♒

Geburtsdatum/ Mondzeichen			Geburtsdatum/ Mondzeichen			Geburtsdatum/ Mondzeichen			Geburtsdatum/ Mondzeichen		
1955	(05:05)	♋	1920	(04:48)	♍	1977		♌	1942		♎
1956	(17:56)	♐	1921		♑	1978		♑	1943	(19:27)	♓
1957	(13:55)	♈	1922		♉	1979	(23:08)	♊	1944		♋
1958	(04:46)	♌	1923	(21:06)	♎	1980		♎	1945		♏
1959	(18:49)	♑	1924	(20:13)	♓	1981		♒	1946	(10:16)	♈
1960		♉	1925	(10:42)	♋	1982	(11:09)	♋	1947		♌
1961		♍	1926	(05:17)	♏	1983		♏	1948		♑
1962	(19:43)	♒	1927		♓	1984	(13:14)	♈	1949		♉
1963		♊	1928		♌	1985	(07:52)	♌	1950		♍
1964		♏	1929		♐	1986		♐	1951		♒
1965		♓	1930	(22:24)	♉	1987	(04:46)	♉	1952	(08:39)	♋
1966		♋	1931	(01:58)	♍	1988		♍	1953	(06:19)	♏
1967		♐	1932		♒	1989	(23:45)	♒	1954		♓
1968	(18:55)	♉	1933		♊	1990		♊	1955	(09:20)	♌
1969	(13:54)	♍	1934		♎	1991	(23:01)	♏	1956		♐
1970		♑	1935	(16:15)	♓	1992		♓	1957		♈
1971	(12:43)	♊	1936	(14:04)	♌	1993		♋	1958	(07:01)	♍
1972		♎	1937	(12:32)	♐	1994	(01:41)	♐	1959	(23:41)	♒
1973		♒	1938	(01:33)	♈	1995		♈	1960		♊
1974	(09:40)	♋	1939		♌	1996	(13:15)	♍	1961		♎
1975		♏	1940		♑	1997	(01:07)	♑	1962	(21:42)	♓
1976		♈	1941		♉	1998	(16:37)	♊	1963		♋
1977		♌	1942	(18:36)	♎	1999	(02:49)	♎	1964	(10:41)	♐
1978	(22:23)	♑	1943		♒	2000		♒	1965	(03:19)	♈
1979		♉	1944		♋	2001	(15:23)	♋	1966		♌
1980	(17:49)	♎	1945		♏	2002		♏	1967	(01:11)	♑
1981	(14:15)	♒	1946		♓	2003	(21:04)	♈	1968		♉
1982		♊	1947	(06:22)	♌	2004		♌	1969	(21:03)	♎
1983	(10:57)	♏	1948	(12:34)	♑	2005		♐	1970		♒
1984		♓	1949	(11:29)	♉	2006		♉	1971	(17:51)	♋
1985		♋	1950	(00:01)	♍	2007		♍	1972		♏
1986		♐	1951	(19:02)	♒	2008	(14:34)	♒	1973		♓
1987		♈	1952		♊	2009		♊	1974	(12:40)	♌
1988		♍	1953		♎	2010	(13:41)	♏	1975		♐
1989		♑	1954	(16:17)	♓	**01.04.**			1976	(10:34)	♉
1990	(11:42)	♊	1955		♋	1920		♍	1977	(02:25)	♍
1991		♎	1956		♐	1921		♑	1978		♑
1992	(17:23)	♓	1957		♈	1922	(21:29)	♊	1979		♊
1993	(10:14)	♋	1958		♌	1923		♎	1980		♎
1994		♏	1959		♑	1924		♓	1981	(19:41)	♓
1995	(08:26)	♈	1960	(14:32)	♊	1925		♋	1982		♋
1996		♌	1961	(09:21)	♎	1926		♏	1983	(17:20)	♐
1997		♐	1962		♒	1927	(11:30)	♈	1984		♈
1998		♉	1963	(09:13)	♋	1928	(12:53)	♍	1985		♌
1999		♍	1964		♏	1929	(08:03)	♑	1986	(00:25)	♑
2000		♒	1965		♓	1930		♉	1987		♉
2001		♊	1966	(10:12)	♌	1931		♍	1988	(09:05)	♎
2002	(06:21)	♏	1967		♐	1932		♒	1989		♒
2003		♓	1968		♉	1933		♊	1990	(13:50)	♋
2004	(19:07)	♌	1969		♍	1934	(14:35)	♏	1991		♏
2005	(00:56)	♐	1970	(23:08)	♒	1935		♓	1992		♓
2006	(22:01)	♉	1971		♊	1936		♌	1993	(15:21)	♌
2007	(04:27)	♍	1972	(14:48)	♏	1937		♐	1994		♐
2008		♑	1973	(08:55)	♓	1938		♈	1995	(17:59)	♉
2009	(14:36)	♊	1974		♋	1939	(05:39)	♍	1996		♍
2010		♎	1975	(05:10)	♐	1940	(08:13)	♒	1997		♑
31.03.			1976		♈	1941	(09:06)	♊	1998		♊

Geburtsdatum/ Mondzeichen		
1999		♎
2000	(09:12)	♓
2001		♋
2002	(07:48)	♐
2003		♈
2004		♌
2005	(04:48)	♑
2006		♉
2007	(16:43)	♎
2008		♒
2009	(17:30)	♋
2010		♏
02.04.		
1920	(10:59)	♎
1921	(02:22)	♒
1922		♊
1923	(20:26)	♏
1924		♓
1925	(23:32)	♌
1926	(13:08)	♐
1927		♈
1928		♍
1929		♑
1930		♉
1931	(01:49)	♎
1932	(06:05)	♓
1933	(04:50)	♋
1934		♏
1935	(16:31)	♈
1936		♌
1937		♐
1938	(05:43)	♉
1939		♍
1940		♒
1941		♊
1942	(20:54)	♏
1943		♓
1944	(03:54)	♌
1945	(04:08)	♐
1946		♈
1947	(09:30)	♍
1948		♑
1949	(23:03)	♊
1950	(01:41)	♎
1951	(23:44)	♓
1952		♋
1953		♏
1954	(16:40)	♈
1955		♌
1956	(05:37)	♑
1957	(00:11)	♉
1958		♍
1959		♒
1960		♊
1961	(17:37)	♏
1962		♓
1963	(15:45)	♌
1964		♐
1965		♈
1966	(11:31)	♍
1967		♑
1968	(07:40)	♊
1969		♎
1970		♒
1971		♋
1972		♏
1973	(13:48)	♈
1974		♌
1975	(12:08)	♑
1976		♉
1977		♍
1978	(01:05)	♒
1979		♊
1980	(06:21)	♏
1981		♓
1982	(14:36)	♌
1983		♐
1984		♈
1985	(11:25)	♍
1986		♑
1987	(13:16)	♊
1988		♎
1989		♒
1990		♋
1991		♏
1992	(04:04)	♈
1993		♌
1994	(04:38)	♑
1995		♉
1996	(22:26)	♎
1997	(04:59)	♒
1998	(20:10)	♋
1999	(13:49)	♏
2000		♓
2001	(18:54)	♌
2002		♐
2003		♈
2004	(03:45)	♍
2005		♑
2006	(00:49)	♊
2007		♎
2008	(21:55)	♓
2009		♋
2010	(17:52)	♐
03.04.		
1920		♎
1921		♒
1922		♊
1923		♏
1924	(04:45)	♈
1925		♌
1926		♐
1927	(10:36)	♉
1928	(22:47)	♎
1929	(20:18)	♒
1930	(04:42)	♊
1931		♎
1932		♓
1933		♋
1934	(18:37)	♐
1935		♈
1936	(01:07)	♍
1937	(01:16)	♑
1938		♉
1939	(06:48)	♎
1940	(20:11)	♓
1941	(20:44)	♋
1942		♏
1943	(22:17)	♈
1944		♌
1945		♐
1946	(10:56)	♉
1947		♍
1948	(00:18)	♒
1949		♊
1950		♎
1951		♓
1952	(21:10)	♌
1953	(15:58)	♐
1954		♈
1955	(15:31)	♍
1956		♑
1957		♉
1958	(06:54)	♎
1959		♒
1960	(02:46)	♋
1961		♏
1962	(21:41)	♈
1963		♌
1964	(23:36)	♑
1965	(09:29)	♉
1966		♍
1967	(08:49)	♒
1968		♊
1969		♎
1970	(01:01)	♓
1971		♋
1972	(03:27)	♐
1973		♈
1974	(14:56)	♍
1975		♑
1976	(23:15)	♊
1977	(05:39)	♎
1978		♒
1979	(07:24)	♋
1980		♏
1981	(21:25)	♈
1982		♌
1983		♐
1984	(00:55)	♉
1985		♍
1986	(04:11)	♒
1987		♊
1988	(19:26)	♏
1989	(02:37)	♓
1990	(18:50)	♌
1991	(08:59)	♐
1992		♈
1993	(17:10)	♍
1994		♑
1995		♉
1996		♎
1997		♒
1998		♋
1999		♏
2000	(16:22)	♈
2001		♌
2002	(12:58)	♑
2003	(09:20)	♉
2004		♍
2005	(07:31)	♒
2006		♊
2007		♎
2008		♓
2009	(20:32)	♌
2010		♐
04.04.		
1920	(19:34)	♏
1921	(14:28)	♓
1922	(04:46)	♋
1923	(20:33)	♐
1924		♈
1925		♌
1926	(19:04)	♑
1927		♉
1928		♎
1929		♒
1930		♊
1931	(01:50)	♏
1932	(17:53)	♈
1933	(16:16)	♌
1934		♐
1935	(17:18)	♉
1936		♍
1937		♑
1938	(08:33)	♊
1939		♎
1940		♓
1941		♋
1942	(22:04)	♐
1943		♈
1944	(16:49)	♍
1945	(14:51)	♑
1946		♉
1947	(13:39)	♎
1948		♒
1949		♊
1950	(01:35)	♏

Geburtsdatum/ Mondzeichen			Geburtsdatum/ Mondzeichen			Geburtsdatum/ Mondzeichen			Geburtsdatum/ Mondzeichen		
1951		♓	2008		♓	1973		♉	1938	(11:07)	♋
1952		♌	2009		♌	1974	(17:22)	♎	1939		♏
1953		♐	2010		♐	1975		♒	1940	(09:10)	♈
1954	(15:43)	♉	**05.04.**			1976		♊	1941	(05:26)	♌
1955		♍	1920		♏	1977	(06:40)	♏	1942	(23:41)	♑
1956	(18:24)	♒	1921		♓	1978		♓	1943	(02:37)	♉
1957	(08:30)	♊	1922		♋	1979	(18:58)	♌	1944		♍
1958		♎	1923		♐	1980		♐	1945	(22:28)	♒
1959	(07:23)	♓	1924	(15:11)	♉	1981	(21:04)	♉	1946		♊
1960		♋	1925	(10:55)	♍	1982		♍	1947	(19:57)	♏
1961	(23:34)	♐	1926		♑	1983		♑	1948		♓
1962		♈	1927	(11:25)	♊	1984	(11:04)	♊	1949		♋
1963		♌	1928		♎	1985		♎	1950	(01:37)	♐
1964		♑	1929		♒	1986	(10:03)	♓	1951		♈
1965		♉	1930	(09:11)	♋	1987	(00:33)	♋	1952	(09:40)	♍
1966	(11:40)	♎	1931		♏	1988		♏	1953		♑
1967		♒	1932		♈	1989	(02:51)	♈	1954	(15:40)	♊
1968	(20:13)	♋	1933		♌	1990		♌	1955		♎
1969	(01:22)	♏	1934	(21:45)	♑	1991	(21:19)	♑	1956		♒
1970		♓	1935		♉	1992		♉	1957	(14:37)	♋
1971	(03:05)	♌	1936	(13:31)	♎	1993	(16:54)	♎	1958		♏
1972		♐	1937	(11:39)	♒	1994		♒	1959	(17:33)	♈
1973	(15:58)	♉	1938		♊	1995		♊	1960		♌
1974		♍	1939	(09:21)	♏	1996	(04:57)	♏	1961		♐
1975	(22:45)	♒	1940		♓	1997		♓	1962		♉
1976		♊	1941		♋	1998	(03:36)	♌	1963		♍
1977		♎	1942		♐	1999	(02:07)	♐	1964	(11:24)	♒
1978	(04:20)	♓	1943		♈	2000	(20:29)	♉	1965		♊
1979		♋	1944		♍	2001		♍	1966	(12:30)	♏
1980	(17:35)	♐	1945		♑	2002	(22:07)	♒	1967		♓
1981		♈	1946	(11:25)	♊	2003	(22:24)	♊	1968		♋
1982	(19:18)	♍	1947		♎	2004		♎	1969	(03:57)	♐
1983	(03:30)	♑	1948	(12:56)	♓	2005	(09:45)	♓	1970		♈
1984		♉	1949	(08:10)	♋	2006		♋	1971	(15:16)	♍
1985	(11:54)	♎	1950		♏	2007		♏	1972		♑
1986		♒	1951	(06:16)	♈	2008	(01:27)	♈	1973	(17:12)	♊
1987		♊	1952		♌	2009		♌	1974		♎
1988		♏	1953	(23:29)	♑	2010	(02:07)	♑	1975		♒
1989		♓	1954		♉	**06.04.**			1976	(10:06)	♋
1990		♌	1955	(23:34)	♎	1920		♏	1977		♏
1991		♐	1956		♒	1921		♓	1978	(08:51)	♈
1992	(12:18)	♉	1957		♊	1922	(09:13)	♌	1979		♌
1993		♍	1958	(06:16)	♏	1923	(23:19)	♑	1980		♐
1994	(10:45)	♒	1959		♓	1924		♉	1981		♉
1995	(05:49)	♊	1960	(15:01)	♌	1925		♍	1982		♍
1996		♎	1961		♐	1926	(23:00)	♒	1983	(16:06)	♒
1997	(06:42)	♓	1962	(21:25)	♉	1927		♊	1984		♊
1998		♋	1963	(01:20)	♍	1928	(10:27)	♏	1985	(11:10)	♏
1999		♏	1964		♑	1929	(05:52)	♓	1986		♓
2000		♈	1965	(13:55)	♊	1930		♋	1987		♋
2001	(20:46)	♍	1966		♎	1931	(03:52)	♐	1988	(03:29)	♐
2002		♑	1967	(19:29)	♓	1932		♈	1989		♈
2003		♉	1968		♋	1933		♌	1990	(02:42)	♍
2004	(08:52)	♎	1969		♏	1934		♑	1991		♑
2005		♒	1970	(02:32)	♈	1935	(20:35)	♊	1992	(18:33)	♊
2006	(07:15)	♋	1971		♌	1936		♎	1993		♎
2007	(05:36)	♏	1972	(15:20)	♑	1937		♒	1994	(19:51)	♓

Geburtsdatum/ Mondzeichen		
1995	(18:40)	♋
1996		♏
1997	(07:19)	♈
1998		♌
1999		♐
2000		♉
2001	(21:57)	♎
2002		♒
2003		♊
2004	(11:24)	♏
2005		♓
2006	(17:25)	♌
2007	(17:57)	♐
2008		♈
2009	(00:01)	♍
2010		♑
07.04.		
1920	(06:41)	♐
1921	(00:31)	♈
1922		♌
1923		♑
1924		♉
1925	(19:04)	♎
1926		♒
1927	(15:42)	♋
1928		♏
1929		♓
1930	(12:09)	♌
1931		♐
1932	(06:44)	♉
1933	(00:33)	♍
1934		♑
1935		♊
1936		♎
1937	(17:59)	♓
1938		♋
1939	(14:47)	♐
1940		♈
1941		♌
1942		♑
1943		♉
1944	(05:22)	♎
1945		♒
1946	(13:21)	♋
1947		♏
1948		♓
1949	(13:59)	♌
1950		♐
1951	(14:52)	♉
1952		♍
1953		♑
1954		♊
1955		♎
1956	(05:37)	♓
1957		♋
1958	(07:07)	♐
1959		♈
1960		♌
1961	(03:52)	♑
1962	(23:00)	♊
1963	(12:50)	♎
1964		♒
1965	(17:24)	♋
1966		♏
1967		♓
1968	(06:28)	♌
1969		♐
1970	(05:02)	♉
1971		♍
1972		♑
1973		♊
1974	(21:25)	♏
1975	(11:17)	♓
1976		♋
1977	(07:09)	♐
1978		♈
1979		♌
1980	(02:43)	♑
1981	(20:47)	♊
1982	(01:27)	♎
1983		♒
1984	(19:00)	♋
1985		♏
1986	(18:12)	♈
1987	(13:04)	♌
1988		♐
1989	(02:07)	♉
1990		♍
1991		♑
1992		♊
1993	(16:32)	♏
1994		♓
1995		♋
1996	(09:21)	♐
1997		♈
1998	(14:25)	♍
1999	(14:39)	♑
2000	(22:58)	♊
2001		♎
2002		♒
2003		♊
2004		♏
2005	(12:28)	♈
2006		♌
2007		♐
2008	(02:20)	♉
2009		♍
2010	(13:51)	♒
08.04.		
1920		♐
1921		♈
1922	(11:09)	♍
1923		♑
1924	(03:13)	♊
1925		♎
1926		♒
1927		♋
1928	(23:20)	♐
1929	(11:58)	♈
1930		♌
1931	(09:20)	♑
1932		♉
1933		♍
1934	(00:43)	♒
1935		♊
1936	(02:05)	♏
1937		♓
1938	(14:04)	♌
1939		♐
1940	(21:39)	♉
1941	(10:21)	♍
1942		♑
1943	(09:41)	♊
1944		♎
1945		♒
1946		♋
1947		♏
1948	(00:28)	♈
1949		♌
1950	(03:29)	♑
1951		♉
1952	(19:56)	♎
1953	(04:27)	♒
1954	(18:29)	♋
1955	(09:38)	♏
1956		♓
1957	(18:24)	♌
1958		♐
1959		♈
1960	(01:02)	♍
1961		♑
1962		♊
1963		♎
1964	(19:47)	♓
1965		♋
1966	(15:54)	♐
1967	(07:57)	♈
1968		♌
1969	(06:04)	♑
1970		♉
1971		♍
1972	(00:37)	♒
1973	(19:04)	♋
1974		♏
1975		♓
1976	(17:37)	♌
1977		♐
1978	(15:21)	♉
1979	(07:52)	♍
1980		♑
1981		♊
1982		♎
1983		♒
1984		♋
1985	(11:17)	♐
1986		♈
1987		♌
1988	(09:19)	♑
1989		♉
1990	(12:44)	♎
1991	(10:00)	♒
1992	(23:18)	♋
1993		♏
1994		♓
1995		♋
1996		♐
1997	(08:20)	♉
1998		♍
1999		♑
2000		♊
2001		♎
2002	(09:57)	♓
2003	(10:36)	♋
2004	(12:50)	♐
2005		♈
2006		♌
2007		♐
2008		♉
2009	(04:22)	♎
2010		♒
09.04.		
1920	(19:25)	♑
1921	(08:00)	♉
1922		♍
1923	(05:48)	♒
1924		♊
1925		♎
1926	(01:03)	♓
1927	(24:00)	♌
1928		♐
1929		♈
1930	(14:11)	♍
1931		♑
1932	(19:27)	♊
1933	(05:00)	♎
1934		♒
1935	(03:49)	♋
1936		♏
1937	(20:28)	♈
1938		♌
1939	(23:47)	♑
1940		♉
1941		♍
1942	(02:56)	♒
1943		♊
1944	(16:12)	♏
1945	(02:10)	♓
1946	(17:37)	♌

Geburtsdatum/ Mondzeichen		
1947	(05:12)	♐
1948		♈
1949	(16:32)	♍
1950		♑
1951		♉
1952		♎
1953		♒
1954		♋
1955		♏
1956	(13:46)	♈
1957		♌
1958	(11:01)	♑
1959	(05:32)	♉
1960		♍
1961	(07:03)	♒
1962		♊
1963		♎
1964		♓
1965	(20:23)	♌
1966		♐
1967		♈
1968	(13:04)	♍
1969		♑
1970	(10:02)	♊
1971	(04:17)	♎
1972		♒
1973		♋
1974		♏
1975	(23:44)	♈
1976		♌
1977	(08:40)	♑
1978		♉
1979		♍
1980	(09:00)	♒
1981	(22:33)	♋
1982	(09:33)	♏
1983	(04:30)	♓
1984		♋
1985		♐
1986		♈
1987		♌
1988		♑
1989	(02:31)	♊
1990		♎
1991		♒
1992		♋
1993	(18:10)	♐
1994	(07:09)	♈
1995	(06:16)	♌
1996	(12:30)	♑
1997		♉
1998		♍
1999		♑
2000		♊
2001	(00:01)	♏
2002		♓
2003		♋

Geburtsdatum/ Mondzeichen		
2004		♐
2005	(16:50)	♉
2006	(05:58)	♍
2007	(04:36)	♑
2008	(02:27)	♊
2009		♎
2010		♒
10.04.		
1920		♑
1921		♉
1922	(11:36)	♎
1923		♒
1924	(15:52)	♋
1925	(00:04)	♏
1926		♓
1927		♌
1928		♐
1929	(15:17)	♉
1930		♍
1931	(18:40)	♒
1932		♊
1933		♎
1934	(03:52)	♓
1935		♋
1936	(14:03)	♐
1937		♈
1938	(17:51)	♍
1939		♑
1940		♉
1941	(11:54)	♎
1942		♒
1943	(20:03)	♋
1944		♏
1945		♓
1946		♌
1947		♐
1948	(09:58)	♉
1949		♍
1950	(08:24)	♒
1951	(01:41)	♊
1952		♎
1953	(06:49)	♓
1954		♋
1955	(21:41)	♐
1956		♈
1957	(20:13)	♍
1958		♑
1959		♉
1960	(07:35)	♎
1961		♒
1962	(04:12)	♋
1963	(01:14)	♏
1964		♓
1965		♌
1966	(23:02)	♑
1967	(20:56)	♉
1968		♍

Geburtsdatum/ Mondzeichen		
1969	(08:46)	♒
1970		♊
1971		♎
1972	(05:58)	♓
1973	(22:31)	♌
1974	(04:27)	♐
1975		♈
1976	(21:16)	♍
1977		♑
1978		♉
1979	(19:45)	♎
1980		♒
1981		♋
1982		♏
1983		♓
1984	(00:01)	♌
1985	(13:57)	♑
1986	(04:36)	♉
1987	(00:28)	♍
1988	(13:10)	♒
1989		♊
1990		♎
1991	(20:18)	♓
1992		♋
1993		♐
1994		♈
1995		♌
1996		♑
1997	(11:28)	♊
1998	(03:04)	♎
1999	(01:24)	♒
2000	(01:16)	♋
2001		♏
2002	(22:40)	♈
2003	(19:54)	♌
2004	(14:33)	♑
2005		♉
2006		♍
2007		♑
2008		♊
2009	(10:23)	♏
2010	(02:48)	♓
11.04.		
1920		♑
1921	(13:16)	♊
1922		♎
1923	(15:51)	♓
1924		♋
1925		♏
1926	(02:02)	♈
1927		♌
1928	(11:56)	♑
1929		♉
1930	(16:17)	♎
1931		♒
1932		♊
1933	(06:32)	♏

Geburtsdatum/ Mondzeichen		
1934		♓
1935	(14:52)	♌
1936		♐
1937	(20:39)	♉
1938		♍
1939		♑
1940	(08:32)	♊
1941		♎
1942	(08:19)	♓
1943		♋
1944		♏
1945	(02:38)	♈
1946		♌
1947	(17:08)	♑
1948		♉
1949	(16:48)	♎
1950		♒
1951		♊
1952	(03:13)	♏
1953		♓
1954	(01:05)	♌
1955		♐
1956	(19:03)	♉
1957		♍
1958	(18:41)	♒
1959	(18:25)	♊
1960		♎
1961	(09:31)	♓
1962		♋
1963		♏
1964	(00:08)	♈
1965	(23:14)	♍
1966		♑
1967		♉
1968	(16:01)	♎
1969		♒
1970	(18:33)	♋
1971	(16:28)	♏
1972		♓
1973		♌
1974		♐
1975		♈
1976		♍
1977	(12:24)	♒
1978	(00:27)	♊
1979		♎
1980	(12:07)	♓
1981		♋
1982	(20:07)	♐
1983	(14:37)	♈
1984		♌
1985		♑
1986		♉
1987		♍
1988		♒
1989	(05:58)	♋
1990	(00:18)	♏

Geburtsdatum/ Mondzeichen		
1991		♓
1992	(02:46)	♌
1993	(23:24)	♑
1994	(19:47)	♉
1995	(14:39)	♍
1996	(15:10)	♒
1997		♊
1998		♎
1999		♒
2000		♋
2001	(04:47)	♐
2002		♈
2003		♌
2004		♑
2005	(23:54)	♊
2006	(18:47)	♎
2007	(12:23)	♒
2008	(03:43)	♋
2009		♏
2010		♓
12.04.		
1920	(07:32)	♒
1921		♊
1922	(12:07)	♏
1923		♓
1924		♋
1925	(03:05)	♐
1926		♈
1927	(11:19)	♍
1928		♑
1929	(17:13)	♊
1930		♎
1931		♒
1932	(06:47)	♋
1933		♏
1934	(07:40)	♈
1935		♌
1936		♐
1937		♉
1938	(23:02)	♎
1939	(11:33)	♒
1940		♊
1941	(11:31)	♏
1942		♓
1943		♋
1944	(01:02)	♐
1945		♈
1946	(00:20)	♍
1947		♑
1948	(17:20)	♊
1949		♎
1950	(16:38)	♓
1951	(14:04)	♋
1952		♏
1953	(07:19)	♈
1954		♌
1955		♐

Geburtsdatum/ Mondzeichen		
1956		♉
1957	(21:08)	♎
1958		♒
1959		♊
1960	(11:01)	♏
1961		♓
1962	(13:36)	♌
1963	(13:48)	♐
1964		♈
1965		♍
1966		♑
1967		♉
1968		♎
1969	(12:41)	♓
1970		♋
1971		♏
1972	(07:32)	♈
1973		♌
1974	(14:56)	♑
1975	(10:53)	♉
1976	(21:54)	♎
1977		♒
1978		♊
1979		♎
1980		♓
1981	(03:36)	♌
1982		♐
1983		♈
1984	(02:11)	♍
1985	(20:04)	♒
1986	(16:51)	♊
1987	(09:06)	♎
1988	(15:24)	♓
1989		♋
1990		♏
1991		♓
1992		♌
1993		♑
1994		♉
1995		♍
1996		♒
1997	(18:03)	♋
1998	(15:56)	♏
1999	(08:35)	♓
2000	(04:16)	♌
2001		♐
2002		♈
2003		♌
2004	(17:33)	♒
2005		♊
2006		♎
2007		♒
2008		♋
2009	(19:01)	♐
2010	(14:31)	♈
13.04.		
1920		♒

Geburtsdatum/ Mondzeichen		
1921	(16:58)	♋
1922		♏
1923		♓
1924	(03:15)	♌
1925		♐
1926	(03:31)	♉
1927		♍
1928	(22:07)	♒
1929		♊
1930	(19:45)	♏
1931	(06:49)	♓
1932		♋
1933	(06:52)	♐
1934		♈
1935		♌
1936	(00:23)	♑
1937	(20:34)	♊
1938		♎
1939		♒
1940	(17:04)	♋
1941		♏
1942	(15:49)	♈
1943	(08:39)	♌
1944		♐
1945	(01:40)	♉
1946		♍
1947		♑
1948		♊
1949	(16:27)	♏
1950		♓
1951		♋
1952	(08:08)	♐
1953		♈
1954	(11:03)	♍
1955	(10:40)	♑
1956	(22:30)	♊
1957		♎
1958		♒
1959		♊
1960		♏
1961	(11:55)	♈
1962		♌
1963		♐
1964	(01:37)	♉
1965		♍
1966	(09:42)	♒
1967	(09:15)	♊
1968	(16:32)	♏
1969		♓
1970		♋
1971		♏
1972		♈
1973	(03:47)	♍
1974		♑
1975		♉
1976		♎
1977	(18:49)	♓

Geburtsdatum/ Mondzeichen		
1978	(11:59)	♋
1979	(05:16)	♏
1980	(12:40)	♈
1981		♌
1982		♐
1983	(21:59)	♉
1984		♍
1985		♒
1986		♊
1987		♎
1988		♓
1989	(13:31)	♌
1990	(12:48)	♐
1991	(02:50)	♈
1992	(05:09)	♍
1993		♑
1994		♉
1995	(19:20)	♎
1996	(18:00)	♓
1997		♋
1998		♏
1999		♓
2000		♌
2001	(13:21)	♑
2002	(10:55)	♉
2003	(01:07)	♍
2004		♒
2005		♊
2006		♎
2007	(16:39)	♓
2008	(07:29)	♌
2009		♐
2010		♈
14.04.		
1920	(16:50)	♓
1921		♋
1922	(14:25)	♐
1923	(04:08)	♈
1924		♌
1925	(05:32)	♑
1926		♉
1927	(23:53)	♎
1928		♒
1929	(19:04)	♋
1930		♏
1931		♓
1932	(15:22)	♌
1933		♐
1934	(12:55)	♉
1935	(03:47)	♍
1936		♑
1937		♊
1938		♎
1939		♒
1940		♋
1941	(11:07)	♐
1942		♈

Geburtsdatum/ Mondzeichen		
1943		♌
1944	(07:56)	♑
1945		♉
1946	(09:13)	♎
1947	(05:51)	♒
1948	(22:41)	♋
1949		♏
1950		♓
1951		♋
1952		♐
1953	(07:31)	♉
1954		♍
1955		♑
1956		♊
1957	(22:45)	♏
1958	(05:38)	♓
1959	(06:48)	♋
1960	(12:37)	♐
1961		♈
1962		♌
1963		♐
1964		♉
1965	(02:38)	♎
1966		♒
1967		♊
1968		♏
1969	(18:13)	♈
1970	(06:16)	♌
1971	(03:03)	♐
1972	(06:54)	♉
1973		♍
1974		♑
1975	(20:14)	♊
1976	(21:14)	♏
1977		♓
1978		♋
1979		♏
1980		♈
1981	(11:56)	♍
1982	(08:41)	♑
1983		♉
1984	(02:29)	♎
1985		♒
1986		♊
1987	(14:41)	♏
1988	(16:47)	♈
1989		♌
1990		♐
1991		♈
1992		♍
1993	(08:36)	♒
1994	(08:48)	♊
1995		♎
1996		♓
1997		♋
1998		♏
1999	(11:46)	♈

Geburtsdatum/ Mondzeichen		
2000	(08:19)	♍
2001		♑
2002		♉
2003		♍
2004	(22:24)	♓
2005	(10:03)	♋
2006	(06:08)	♏
2007		♓
2008		♌
2009		♐
2010	(23:55)	♉
15.04.		
1920		♓
1921	(19:47)	♌
1922		♐
1923		♈
1924	(11:21)	♍
1925		♑
1926	(07:20)	♊
1927		♎
1928		♒
1929		♋
1930		♏
1931	(19:48)	♈
1932		♌
1933	(07:53)	♑
1934		♉
1935		♍
1936	(07:49)	♒
1937	(22:02)	♋
1938	(06:21)	♏
1939	(00:04)	♓
1940	(22:44)	♌
1941		♐
1942		♈
1943	(20:59)	♍
1944		♑
1945	(01:31)	♊
1946		♎
1947		♒
1948		♋
1949	(17:23)	♐
1950	(03:32)	♈
1951	(02:18)	♌
1952	(11:41)	♑
1953		♉
1954	(22:57)	♎
1955	(22:20)	♒
1956		♊
1957		♏
1958		♓
1959		♋
1960		♐
1961	(15:16)	♉
1962	(01:57)	♍
1963	(01:27)	♑
1964	(02:06)	♊

Geburtsdatum/ Mondzeichen		
1965		♎
1966	(22:13)	♓
1967	(19:37)	♋
1968	(16:23)	♐
1969		♈
1970		♌
1971		♐
1972		♉
1973	(10:50)	♎
1974	(03:34)	♒
1975		♊
1976		♏
1977		♓
1978		♋
1979	(12:18)	♐
1980	(12:11)	♉
1981		♍
1982		♑
1983		♉
1984		♎
1985	(05:31)	♓
1986	(05:42)	♋
1987		♏
1988		♈
1989		♌
1990		♐
1991	(06:06)	♉
1992	(07:10)	♎
1993		♒
1994		♊
1995	(21:13)	♏
1996	(21:42)	♈
1997	(04:22)	♌
1998	(03:52)	♐
1999		♈
2000		♍
2001		♑
2002	(21:56)	♊
2003	(02:42)	♎
2004		♓
2005		♋
2006		♏
2007	(17:47)	♈
2008	(14:07)	♍
2009	(06:27)	♑
2010		♉
16.04.		
1920	(22:29)	♈
1921		♌
1922	(20:01)	♑
1923	(17:07)	♉
1924		♍
1925	(08:23)	♒
1926		♊
1927		♎
1928	(04:19)	♓
1929	(21:50)	♌

Geburtsdatum/ Mondzeichen		
1930	(01:49)	♐
1931		♈
1932	(20:22)	♍
1933		♑
1934	(20:41)	♊
1935	(16:01)	♎
1936		♒
1937		♋
1938		♏
1939		♓
1940		♌
1941	(12:38)	♑
1942	(01:18)	♉
1943		♍
1944	(12:46)	♒
1945		♊
1946	(20:03)	♏
1947	(16:47)	♓
1948		♋
1949		♐
1950		♈
1951		♌
1952		♑
1953	(09:27)	♊
1954		♎
1955		♒
1956	(01:15)	♋
1957		♏
1958	(18:23)	♈
1959	(16:55)	♌
1960	(14:01)	♑
1961		♉
1962		♍
1963		♑
1964		♊
1965	(07:42)	♏
1966		♓
1967		♋
1968		♐
1969		♈
1970	(19:07)	♍
1971	(11:38)	♑
1972	(06:16)	♊
1973		♎
1974		♒
1975		♊
1976	(21:15)	♐
1977	(03:52)	♈
1978	(00:30)	♌
1979		♐
1980		♉
1981	(22:38)	♎
1982	(21:18)	♒
1983	(03:15)	♊
1984	(02:41)	♏
1985		♓
1986		♋

Geburtsdatum/ Mondzeichen			*Geburtsdatum/ Mondzeichen*			*Geburtsdatum/ Mondzeichen*			*Geburtsdatum/ Mondzeichen*		
1987	(18:01)	♐	1952	(14:43)	♒	2009	(19:19)	♒	1974		♓
1988	(18:31)	♉	1953		♊	2010	(07:08)	♊	1975		♋
1989	(00:39)	♍	1954		♎	**18.04.**			1976	(23:43)	♑
1990	(01:15)	♑	1955		♒	1920		♈	1977	(15:02)	♉
1991		♉	1956		♋	1921		♍	1978	(11:44)	♍
1992		♎	1957	(02:43)	♐	1922		♑	1979		♑
1993	(20:33)	♓	1958		♈	1923		♉	1980		♊
1994	(20:41)	♋	1959		♌	1924		♎	1981		♎
1995		♏	1960		♑	1925	(12:02)	♓	1982		♒
1996		♈	1961	(20:55)	♊	1926		♋	1983	(07:14)	♋
1997		♌	1962	(14:54)	♎	1927		♏	1984	(04:44)	♐
1998		♐	1963	(10:34)	♒	1928	(06:40)	♈	1985		♈
1999	(12:07)	♉	1964	(03:23)	♋	1929		♌	1986		♌
2000	(13:36)	♎	1965		♏	1930	(11:07)	♑	1987	(20:21)	♑
2001	(01:11)	♒	1966		♓	1931	(07:50)	♉	1988	(22:10)	♊
2002		♊	1967		♋	1932	(22:00)	♎	1989	(13:31)	♎
2003		♎	1968	(17:23)	♑	1933		♒	1990	(11:53)	♒
2004		♓	1969	(01:43)	♉	1934		♊	1991		♊
2005	(22:17)	♌	1970		♍	1935		♎	1992		♏
2006	(15:19)	♐	1971		♑	1936		♓	1993		♓
2007		♈	1972		♊	1937	(02:11)	♌	1994		♋
2008		♍	1973	(19:51)	♏	1938		♐	1995		♐
2009		♑	1974	(15:44)	♓	1939		♈	1996	(03:05)	♉
2010		♉	1975	(03:27)	♋	1940	(01:34)	♍	1997		♍
17.04.			1976		♐	1941	(17:31)	♒	1998		♑
1920		♈	1977		♈	1942	(12:37)	♊	1999	(11:39)	♊
1921	(22:21)	♍	1978		♌	1943	(06:41)	♎	2000	(20:35)	♏
1922		♑	1979	(17:23)	♑	1944	(15:28)	♓	2001	(14:00)	♓
1923		♉	1980	(12:41)	♊	1945		♋	2002	(07:01)	♋
1924	(15:27)	♎	1981		♎	1946		♏	2003		♏
1925		♒	1982		♒	1947		♓	2004		♈
1926	(14:55)	♋	1983		♊	1948		♌	2005		♌
1927	(12:20)	♏	1984		♏	1949		♑	2006	(22:13)	♑
1928		♓	1985	(17:18)	♈	1950		♉	2007		♉
1929		♌	1986	(17:10)	♌	1951		♍	2008		♎
1930		♐	1987		♐	1952		♒	2009		♒
1931		♈	1988		♉	1953	(14:53)	♋	2010		♊
1932		♍	1989		♍	1954	(11:32)	♏	**19.04.**		
1933	(11:02)	♒	1990		♑	1955	(06:28)	♓	1920	(01:08)	♉
1934		♊	1991	(07:41)	♊	1956	(04:00)	♌	1921		♍
1935		♎	1992	(10:10)	♏	1957		♐	1922	(05:28)	♒
1936	(11:38)	♓	1993		♓	1958		♈	1923	(05:33)	♊
1937		♋	1994		♋	1959	(23:27)	♍	1924	(16:24)	♏
1938	(16:19)	♐	1995	(21:51)	♐	1960	(16:32)	♒	1925		♓
1939	(11:13)	♈	1996		♈	1961		♊	1926		♋
1940		♌	1997	(17:00)	♍	1962		♎	1927	(23:49)	♐
1941		♑	1998	(14:05)	♑	1963		♒	1928		♈
1942		♉	1999		♉	1964		♋	1929	(02:05)	♍
1943		♍	2000		♎	1965	(15:31)	♐	1930		♑
1944		♒	2001		♒	1966	(10:27)	♈	1931		♉
1945	(04:14)	♋	2002		♊	1967	(02:54)	♌	1932		♎
1946		♏	2003	(02:16)	♏	1968		♑	1933	(16:54)	♓
1947		♓	2004	(05:24)	♈	1969		♉	1934	(07:26)	♋
1948	(02:16)	♌	2005		♌	1970		♍	1935	(02:09)	♏
1949	(21:16)	♑	2006		♐	1971	(17:46)	♒	1936	(12:20)	♈
1950	(15:59)	♉	2007	(17:11)	♉	1972	(07:46)	♋	1937		♌
1951	(12:07)	♍	2008	(23:10)	♎	1973		♏	1938		♐

Geburtsdatum/ Mondzeichen			*Geburtsdatum/ Mondzeichen*			*Geburtsdatum/ Mondzeichen*			*Geburtsdatum/ Mondzeichen*		
1939	(19:57)	♉	1996		♉	1961	(05:50)	♋	1935	(10:06)	♐
1940		♍	1997		♍	1962	(02:37)	♏	1936	(11:37)	♉
1941		♒	1998	(21:41)	♒	1963		♓	1937		♍
1942		♊	1999		♊	1964		♌	1938		♑
1943		♎	2000		♏	1965		♐	1939		♉
1944		♓	2001		♓	1966	(21:00)	♉	1940		♎
1945	(10:52)	♌	2002		♋	1967	(06:43)	♍	1941	(02:07)	♓
1946	(08:30)	♐	2003	(01:51)	♐	1968		♒	1942	(01:10)	♋
1947	(00:26)	♈	2004	(14:42)	♉	1969		♊	1943		♏
1948	(04:30)	♍	2005	(10:27)	♍	1970		♎	1944		♈
1949		♑	2006		♑	1971	(21:08)	♓	1945	(21:03)	♍
1950		♉	2007	(16:51)	♊	1972	(12:47)	♌	1946	(21:28)	♑
1951	(18:13)	♎	2008		♎	1973	(07:02)	♐	1947	(04:56)	♉
1952	(17:40)	♓	2009		♒	1974	(01:20)	♈	1948	(06:16)	♎
1953		♋	2010	(12:39)	♋	1975		♌	1949		♒
1954		♏	**20.04.**			1976		♑	1950		♊
1955		♓	1920		♉	1977		♉	1951	(20:55)	♏
1956		♌	1921	(01:24)	♎	1978	(19:53)	♎	1952	(20:56)	♈
1957	(10:08)	♑	1922		♒	1979		♒	1953	(00:27)	♌
1958	(07:16)	♉	1923		♊	1981		♏	1954		♐
1959		♍	1924		♏	1982		♓	1955		♈
1960		♒	1925	(16:45)	♈	1983	(10:26)	♌	1956		♍
1961		♊	1926	(02:07)	♌	1985	(06:12)	♉	1957	(20:54)	♒
1962		♎	1927		♐	1986	(01:24)	♍	1958	(19:03)	♊
1963	(15:53)	♓	1928	(06:36)	♉	1987	(22:45)	♒	1959	(02:19)	♎
1964	(06:40)	♌	1929		♍	1989		♎	1960		♓
1965		♐	1930	(22:58)	♒	1990	(18:57)	♓	1961		♋
1966		♈	1931	(17:56)	♊	1991		♋	1962		♏
1967		♌	1932	(21:33)	♏	1993		♈	1963	(17:30)	♈
1968	(20:57)	♒	1933		♓	1994		♌	1964	(12:17)	♍
1969	(11:28)	♊	1934		♋	1995		♑	1965	(02:24)	♑
1970	(06:35)	♎	1935		♏	1997	(05:36)	♎	1966		♉
1971		♒	1936		♈	1998		♒	1967		♍
1972		♋	1937	(09:16)	♍	1999	(12:27)	♋	1968		♒
1973		♏	1938	(04:31)	♑	2001		♓	1969	(23:17)	♋
1974		♓	1939		♉	2002	(13:21)	♌	1970	(15:15)	♏
1975	(08:14)	♌	1940	(02:23)	♎	2003		♐	1971		♓
1976		♑	1941		♒	2005		♍	1972		♌
1977		♉	1942		♊	2006		♑	1973		♐
1978		♍	1943	(13:04)	♏	2007		♊	1974		♈
1979	(21:02)	♒	1944	(16:35)	♈	2010		♋	1975	(10:42)	♍
1980	(16:11)	♋	1945		♌	**21.04.**			1976	(05:47)	♒
1981	(10:39)	♏	1946		♐	1920	(02:14)	♊	1977	(03:37)	♊
1982	(07:20)	♓	1947		♈	1921		♎	1978		♎
1983		♋	1948		♍	1922	(17:44)	♓	1979	(23:41)	♓
1984		♐	1949	(04:59)	♒	1923	(16:28)	♋	1980	(23:52)	♌
1985		♈	1950	(04:54)	♊	1924	(16:04)	♐	1981	(23:15)	♐
1986		♌	1951		♎	1925		♈	1982	(13:23)	♈
1987		♑	1952		♓	1926		♌	1983		♌
1988		♊	1953		♋	1927		♐	1984		♑
1989		♎	1954	(23:55)	♐	1928		♉	1985		♉
1990		♒	1955	(10:29)	♈	1929	(08:13)	♎	1986		♍
1991	(09:17)	♋	1956	(07:17)	♍	1930		♒	1987		♒
1992	(15:40)	♐	1957		♑	1931		♊	1988	(05:04)	♋
1993	(09:14)	♈	1958		♉	1932		♏	1989	(02:13)	♏
1994	(05:45)	♌	1959		♍	1933		♓	1990		♓
1995	(22:54)	♑	1960	(20:55)	♓	1934	(20:10)	♌	1991	(12:04)	♌

Geburtsdatum/ Mondzeichen			*Geburtsdatum/ Mondzeichen*			*Geburtsdatum/ Mondzeichen*			*Geburtsdatum/ Mondzeichen*		
1992		♐	1997		♎	2002		♌	2007	(18:50)	♋
1993	(21:08)	♉	1998		♒	2003	(03:20)	♑	2008		♏
1994	(10:58)	♍	1999		♋	2004		♉	2009		♓
1995		♑	2000	(05:58)	♐	2005	(20:27)	♎	2010	(16:42)	♌
1996		♊	2001	(01:18)	♈	2006	(02:56)	♒			

Wie Sie mehr über Ihr Horoskop erfahren können

Der Unterschied zwischen dem, was ein Buch über Tierkreiszeichen an individueller Deutung leisten kann, und der Interpretation Ihres persönlichen Horoskops ist wesentlich größer als der zwischen einem Anzug von der Stange und einem maßgefertigten Kleidungsstück.

Wenn Sie mehr darüber erfahren wollen, was die Gestirne über Ihr individuelles Schicksal aussagen, benötigen Sie zunächst einmal ein genau berechnetes Horoskop. Wer einen Computer hat oder jemanden kennt, der einen besitzt, hat es leicht: Es gibt eine Vielzahl von Astrologieprogrammen, die für jeden Geschmack und jeden Geldbeutel etwas bieten. Wenn Sie bereits einen Horoskopausdruck haben, können Sie sich mit Hilfe astrologischer Lehrbücher an eine genauere Interpretation herantasten. Es existieren außerdem Astrologieschulen, die Sie in der Horoskopdeutung unterrichten können. Schließlich gibt es Firmen, die Horoskopberechnungen und Computerdeutungen anbieten.

Astrologieprogramme

Leider ist auch in der Astrologie nicht alles Gold, was glänzt. Neben seriösen Astrologen, die Ihnen eine echte Lebenshilfe geben können, tummeln sich auf dem Gebiet auch viele Scharlatane. Das gleiche gilt sinngemäß natürlich für Bücher, Computerprogramme und Deutungen.

Vorsicht vor Scharlatanen

Wenn Sie in dieser Hinsicht Hilfestellung und unverbindliche Informationen wünschen, können Sie sich gern direkt an den Autor wenden. Die Adresse finden Sie auf Seite 8.

Bitte legen Sie einen adressierten DIN-A4-Umschlag und DM 5,– in Briefmarken bei, und verwenden Sie das *Stichwort »Astro-Info«*. Sie erhalten dann eine umfangreiche Liste mit unseren persönlichen Empfehlungen zu allen Bereichen der Astrologie. Ihre Adresse wird von uns nicht gespeichert und auch nicht an andere weitergegeben.

Wenn Sie eine schriftliche Horoskopdeutung nach der Methode des Autors möchten, ohne daß Sie sich selbst mit Computerberechnungen auseinandersetzen müssen, können Sie hierzu kostenlos und unverbindlich Informationsmaterial unter der Adresse des Autors anfordern *(Stichwort »Querverbindungen«)*.

Die Deutung und Bedeutung des Aszendenten

Wie bereits im Einleitungskapitel dargestellt, besteht ein Horoskop aus vielen verschiedenen Deutungselementen, von denen das Tierkreiszeichen zwar das bekannteste, aber eben nur eines von vielen ist. Das Tierkreiszeichen eines Menschen ist wie gesagt nichts anderes als die Position der Sonne im Tierkreis (= Zodiakus) zum Zeitpunkt der Geburt. Da unser Kalender ebenfalls mit dem Sonnenlauf – von der Erde aus gesehen – korrespondiert, läßt sich anhand des Geburtsdatums recht genau bestimmen, welches Tierkreiszeichen zu einem gehört. Dies ist sicherlich der Hauptgrund, warum die Sonnenzeichen so populär wurden.

Sonnenzeichen

Der wohl wichtigste Einzelfaktor für ein wirklich persönliches Horoskop ist aber der Aszendent. Der Begriff kommt von dem lateinischen Wort *ascendere*, was soviel wie »aufsteigen« bedeutet. Mit dem Aszendenten ist der Abschnitt des Zodiakus gemeint, der im Augenblick der Geburt in östlicher Richtung am Horizont aufgeht. Der Aszendent ist außerdem identisch mit der Spitze – also dem Anfang – des ersten Hauses. Da der Aszendent etwa alle vier Minuten seine Position ändert, müssen Geburtsort und die genaue Geburtszeit bekannt sein, um ihn bestimmen zu können. Wenn Sie Ihre Geburtszeit kennen, steht der Berechnung des Aszendenten nichts im Wege. Falls diese Ihnen nicht bekannt ist, können Sie sie wie gesagt beim Standesamt Ihres Geburtsortes erfahren. Bei den meisten Standesämtern wird eine schriftliche Anfrage mit frankiertem Rückumschlag umgehend bearbeitet, manche verlangen allerdings eine Gebühr. Telefonisch erhalten Sie wegen des Datenschutzes nur selten Auskunft.

Geburtsort

Im nachfolgenden Abschnitt wird beschrieben, wie Sie den Aszendenten schnell feststellen können. Dank eines völlig neuen Verfahrens ist dies erstmals ohne komplizierte Berechnungen und absolut zuverlässig möglich.

Wie ist der Aszendent zu deuten? Vereinfacht gesagt, gibt der Aszendent Auskunft darüber, wer wir sind, während das Sonnenzeichen beschreibt, wie wir uns verhalten. Wenn wir den Menschen mit einem Auto vergleichen, dann würde der Aszendent uns verraten, um was für ein Gefährt es sich handelt, während das Tierkreiszeichen – also die Position der Sonne – uns Aufschluß darüber gibt, wie es behandelt und gefahren wird. Dies zeigt auch schon, daß die oft gestellte Frage, was denn nun wichtiger sei, der Aszendent oder das Tierkreiszeichen, im Grunde unsinnig ist. Handeln (Sonne) setzt Körperlichkeit (Aszendent) voraus. Eine Veranlagung (Aszendent), die nicht gelebt wird (Sonne), ist bedeutungslos.

Körperlichkeit

Wie können Sie nun Näheres zur Interpretation Ihres Aszendenten erfahren? Hier gibt es mehrere Wege. Der einfachste ist natürlich, sich ein spezielles Buch zu diesem Thema zu besorgen und unter dem entsprechenden Kapitel nachzuschlagen. Vielleicht kennen Sie auch jemanden, der sich intensiver mit Astrologie beschäftigt und Ihnen persönlich Auskünfte über die Bedeutung Ihres Aszendenten und Ihres Sonnenzeichens geben kann. Falls Sie ein Tierkreiszeichen-Buch (zum Beispiel aus dieser Reihe) Ihres Aszendenten-Zeichens besitzen, können Sie auch das lesen und dabei im Hinterkopf behalten, daß es sich hier weniger um Ihr tatsächliches Verhalten, sondern um Ihre Charakteranlagen handelt. Da sich allerdings unsere Anlagen und unser Verhalten ständig wechselseitig beeinflussen, erzielen Sie schon gute Ergebnisse, wenn Sie sich selbst einfach als eine »Mischung« beider Zeichen betrachten.

Charakteranlagen

Falls Sie feststellen sollten, daß bei Ihnen Sonne und Aszendent im gleichen Tierkreiszeichen stehen, müssen Sie natürlich kein weiteres Buch zu Rate ziehen. Für Sie sollten dann die in diesem Band gemachten Aussagen in besonderem Maße zutreffen.

Die Bestimmung des Aszendenten

Die Verwendung der nachfolgenden Aszendentengrafik ist denkbar einfach: Die Skala am linken Rand (C) gibt das Datum an, die Skala am rechten Rand (A) die Uhrzeit. Markieren Sie Ihr Geburtsdatum und Ihre Geburtszeit, nehmen Sie ein Lineal, und verbinden Sie beides mit einem Strich – fertig! Das Tierkreiszeichen (B) in der Mitte der Grafik, das von Ihrer Linie gekreuzt wird, ist Ihr Aszendent.
Wichtige Hinweise: Die Grafik bezieht sich auf mitteleuropäische Zeit. Falls bei Ihrer Geburt die Sommerzeit galt, müssen Sie eine Stunde abziehen. Eine Sommerzeitentabelle finden Sie im Anhang dieses Buches. Die Aszendentengrafik funktioniert nur dann, wenn Sie in Deutschland geboren sind. Ohne eine wirklich genaue Geburtszeitangabe ist kein zuverlässiges Ergebnis zu erzielen.

Literatur

Brigitte Hamann: Die zwölf Archetyen. München 1991.

Michael Roscher: Astrologische Aspektlehre. München 1997.

Michael Roscher: Das Astrologiebuch. München 1989.

Michael Roscher: Der Mond. München 1997.

Michael Roscher: Kritische Grade im Radix. Selbstverlag 1995.*

Michael Roscher: Kritische Grade in der Prognose. Selbstverlag 1995.*

* zu beziehen bei:
Buchhandlung Licht und Schatten
Ehrenstraße 18–26
D-50672 Köln
Tel. 02 21/25 43 40, Fax 02 21/25 42 02

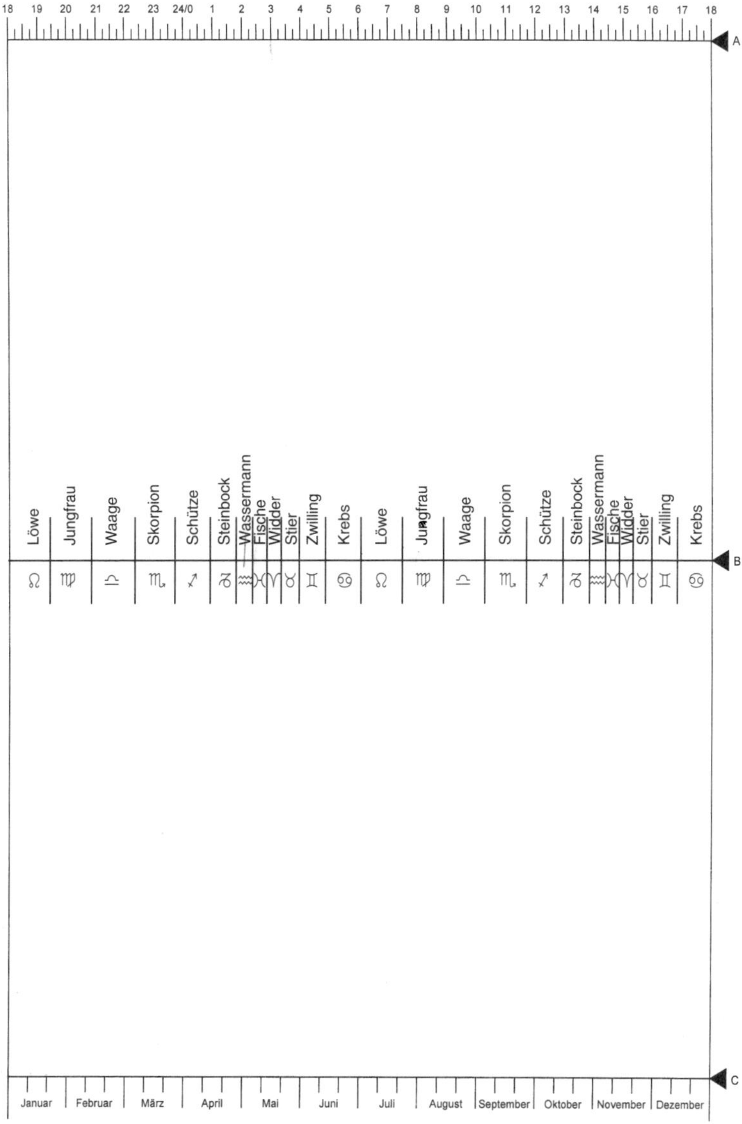
18 19 20 21 22 23 24/0 1 2 3 4 5 6 7 8 9 10 11 12 13 14 15 16 17 18
A
Löwe
Jungfrau
Waage
Skorpion
Schütze
Steinbock
Wassermann
Fische
Widder
Stier
Zwilling
Krebs
Löwe
Jungfrau
Waage
Skorpion
Schütze
Steinbock
Wassermann
Fische
Widder
Stier
Zwilling
Krebs
B
C
Januar
Februar
März
April
Mai
Juni
Juli
August
September
Oktober
November
Dezember

Bildnachweis

Seite 23: Johfra: Astrologie. Tierkreiszeichen. © 1998 Johfra/Verkerke Reproduktes NV – all rights reserved –. Mit freundlicher Genehmigung.

Seite 25: Udo Becker (Hrsg.): Lexikon der Astrologie. Herder/Spektrum Bd. 4596. Freiburg 2. Auflage 1997. Mit freundlicher Genehmigung des Verlags Herder.

Seite 30, 124: Illustrationen aus dem Tarotkartenspiel Rider Waite®, auch bekannt als Rider Tarot und Waite Tarot. Mit freundlicher Genehmigung von U.S. Games Systems, Inc., Stamford, CT 06902 USA. Copyright © 1971 U.S. Games Systems, Inc. Weitere Reproduktion nicht gestattet. Das Tarotkartenspiel Rider-Waite® ist ein eingetragenes Warenzeichen für U.S. Games Systems, Inc.

Seite 35: Freskogemälde im Palazzo Schifanoia, Ferrara, Italien, entstanden um 1470.

Seite 37: Wolfgang Bauer/Irmtraud Dümotz/Sergius Golowin: Lexikon der Symbole. München 1987.

Seite 50: Angela Sommer-Bodenburg: Ich lieb dich trotzdem immer. Köln 1982. © Copyright Middelhauve Verlags GmbH, München.

Seite 98: Darstellung des Widders im »Tractatus sphaera«.

Seite 105: Hans Biedermann: Handlexikon der magischen Künste. Graz 1976. Mit freundlicher Genehmigung der Akademischen Druck- und Verlagsanstalt.

Seite 110: Nicholas Campion: Der praktische Astrologe. Hamburg 1988.

Seite 122: Abbildung aus dem Tarot Arcus Arcanum mit Erlaubnis der Firma AGM AGMüller, Neuhausen/Schweiz. © 1987 AGM. Weitere Reproduktion nicht gestattet.

Seite 138: Sachs/Badstübner/Neumann: Christliche Ikonographie in Stichworten. München 1975. Mit freundlicher Genehmigung des Kösel Verlags.

Seite 156: L. Frobenius/H. Obermaier: Hadschra Maktouba, München o. J.

Das Märchen »Die drei Prinzen von Samarkand« auf S. 143 ff. wurde folgendem Band entnommen: Elli Zenker-Starzacher: Märchen aus Tausendundeiner Nacht. Reutlingen o. J.

Trotz intensiver Recherchen konnten nicht alle Rechteinhaber ermittelt werden. Der Verlag ist selbstverständlich bereit, berechtigte Forderungen abzugelten.

ARKANA
GOLDMANN

Tarot-Bücher von Hajo Banzhaf

Der Crowley-Tarot 21500
als Set mit einem Crowley-Tarotkarten-Deck: 21537

Das Tarot-Handbuch 21503

Tarot-Deutungsbeispiele 21502

Tarot als Wegbegleiter 21501

Goldmann • Der Taschenbuch-Verlag

ARKANA
GOLDMANN

Die Gesetze des Reichtums

Catherine Ponder, Die dynamischen Gesetze des Reichtums 11879

Catherine Ponder, Bete und werde reich 11881

Ralph Tegtmeier, Das kleine Buch vom Geld 11820

Kurt Tepperwein, Der Weg zum Millionär 21551

Goldmann • Der Taschenbuch-Verlag

ARKANA
GOLDMANN

Osho – Meditation & Energie

Meditation 21521

Emotionen 21560

Tantra 21520

Mann und Frau 13280

Goldmann • Der Taschenbuch-Verlag

ARKANA
GOLDMANN

Hühnersuppe für ganz besondere Seelen

Canfield/Hansen, Mehr Hühnersuppe für die Seele 21588

Canfield/Hansen, Hühnersuppe für die Seele - Für Mütter 21564

Canfield/Hansen, Hühnersuppe für die Seele – Für Kinder 21589

Canfield/Hansen, Hühnersuppe für die Seele - Für Jugendliche 21590

Goldmann • Der Taschenbuch-Verlag

ARKANA
GOLDMANN

Geschichten, die das Herz erwärmen

Canfield/Hansen,
Hühnersuppe für die Seele 13209

Canfield/Hansen, Noch mehr
Hühnersuppe für die Seele 13239

Canfield/Hansen, Hühnersuppe
für die Seele – Für Frauen 21546

Canfield/Hansen, Hühnersuppe
für die Seele – Für Partner 21565

Goldmann • Der Taschenbuch-Verlag

GOLDMANN

Das Gesamtverzeichnis aller lieferbaren Titel erhalten Sie im Buchhandel oder direkt beim Verlag.
Nähere Informationen über unser Programm erhalten Sie auch im Internet unter:
www.goldmann-verlag.de

★

Taschenbuch-Bestseller zu Taschenbuchpreisen
– Monat für Monat interessante und fesselnde Titel –

★

Literatur deutschsprachiger und internationaler Autoren

★

Unterhaltung, Kriminalromane, Thriller
und Historische Romane

★

Aktuelle Sachbücher, Ratgeber, Handbücher und
Nachschlagewerke

★

Bücher zu Politik, Gesellschaft, Naturwissenschaft und Umwelt

★

Das Neueste aus den Bereichen
Esoterik, Persönliches Wachstum und Ganzheitliches Heilen

★

Klassiker mit Anmerkungen, Anthologien und Lesebücher

★

Kalender und Popbiographien

★

Die ganze Welt des Taschenbuchs

★

Goldmann Verlag • Neumarkter Str. 18 • 81673 München

Bitte senden Sie mir das neue kostenlose Gesamtverzeichnis

Name: ____________________

Straße: ____________________

PLZ / Ort: ____________________